揭開腦神經、語言、心理與行為的奧秘
理論、實踐、例子、臨場經驗一本通

U0036956

NLP

神經語言程式學實務

人際溝通

文心 、局目子 著

NLP

目錄

第一章　NLP專業教材概要

第二章　神經語言學

第三章 五感六識寫作法

第四章 次感元（Sub modality Distinctions）

第五章 NLP& RAS 理論

第六章　人格工程（Humanity Engineering）

第七章　NLP框架

第八章　NLP黃金法規（NLPGolden Rule）

第九章　語言是溝通的聖杯：NLP的語言模式

第十章　處理恐懼

一言一詞皆導入
一視一聽皆暗示
一言一行皆催眠
望道便驚天地寬，洞悉世情皆學問。
人生沒有勝負，只有人情世故。
無有實諦，惟存詮釋。

"There are no facts. Only interpretation."
尼采

「語言如同一種工具，對於我們來說具有重大的意義，猶
如騎士所仰賴的高貴坐騎。最優秀的坐騎配得上最出色的
騎士，而最上乘的語言適合於最高尚的思想。」

"Language, as a tool, holds great significance for
us, much like a noble steed to a knight. The finest
steed is fit for the finest knight, and the finest lan-
guage befits the noblest of thoughts."
但丁

「以人類而言，語言乃是療愈苦難之醫者。」

"For humanity, language is the physician that
heals afflictions."
米蘭德(古希臘)《著作殘篇》

「欲使他人信服，一句巧妙之言，
往往勝於黃金之力。」

"To convince others, a well-crafted
sentence often holds more power than gold itself."

德謨克利特（古希臘）《著作殘篇》

「造物者」造人是因為祂喜愛故事。

"God created man because he loves stories."

Elie Wiesel 埃利·威塞爾 諾貝爾獎得主
這句話出現在他的小說《The Gates of the Forest》

「我認識的人越多，就越喜歡狗。」

羅蘭夫人（法國著名政治家）

「世事洞明皆學問，人情練達即文章。」

曹雪芹《紅樓夢》

推薦序 1

　　兩位作者對NLP及心理治療有着相當豐富經驗和認識。作為本港一間提倡心理健康、NLP及催眠治療的機構創辦及負責人，很高興能為《神經語言程式學實務—人際溝通》寫序。

　　本書是作者文心和局目子繼《酒徒與催眠》、《催眠師的世界：催眠·聯想·異次元》兩書後的大膽嘗試，內容上延續及擴闊了他們的NLP理論及著作。為何說大膽嘗試呢？因為香港一直也缺乏NLP這類的教材。

　　早在1990年代開始，我已經接觸NLP。當時，那些人生教練、生命動力等課程非常盛行，五花八門，可說是十分良莠不齊。導師較少從理論基礎著手，反而從銷售、傳銷等方法介入，未能把NLP的精粹及理論呈現。NLP其實可以很重視理論，也與催眠治療、家庭治療以至時間線治療有極密切的關係，可是坊間書籍也甚少提及，也鮮有NLP的教材。

　　這本書作為NLP的教材，全面探討NLP在香港的發展可能性。這本書若細心鑽研可以讀來深澀，也可以作為工具書，拿來就用，簡單而來。這本書由更多的NLP及催眠語言暗示技巧入手，為初學NLP及對NLP有一定認識的人提供了更多更全面的手法，開拓全新的領域，做到書中所言之「百貨應百客」。

　　作為其中一位NLP及催眠的倡導者，我也會時刻在想，「瘋狂地想」如何可以令NLP及催眠更專業，事實上，坊間對於催眠仍有很多認知謬誤，甚至大多「賦予」其一層「吹水」色彩。其實，NLP可以是一種更有效的溝通手法，而這本書就正正讓我看到NLP在香港實踐的更多可能性。

　　本書對象主要為對NLP、心理治療有興趣的人，亦是鮮有深入淺出，生活化的NLP教材，所謂「心有多大，舞台有多大」，希望此書可以引領你到無邊無際的思考。

Valient Leung 梁智華

專業心理治療及催眠應用(香港)有限公司 HPHI EDUCATION LIMITED 創辦人
Facebook：專業心理治療及催眠應用中心(https：//www.facebook.com/hphi.health/)
Website：https：//www.hk-hphi.com/
Instagram：hphi_psychotherapy

推薦序2

It is with great pleasure that we write this foreword for Leslie. He has been an active member of The International Board of Neuro Linguistic Programming (IBNLP) since his successful application and approval, and we have witnessed his commitment to learning and the application of NLP. This is evidenced by his consistently excellent academic qualifications and presentations.

Given such high standards, we were naturally very excited when we heard that Leslie, along with his fellow author Abby, had authored a book on the subject of NLP. Although the content of the book is unfortunately unavailable in languages other than Chinese, we feel confident that the quality of Leslie's book matches the level of excellence we have come to expect from him.

We take great pride in endorsing Leslie's and Abby's book, as we are confident that it will serve as a valuable reference for anyone wishing to learn about NLP. It gives us great satisfaction to contribute to the development and dissemination of knowledge that supports the worldwide NLP community.

Leslie is a shining example of the kind of dedication to learning that IBNLP strives to instill in its members, and we wish him great success on his journey of learning and discovering NLP.

The International Board Of Neuro Linguistic
Programming (IBNLP)

| Website: https://ibnlp.uk |
| Address: Floor 1, Office 25, 22 Market Square ,
London, England, E14 6BU |

推薦序 3

　　身爲鴻福堂集團主席，我深知企業管理的重中之重在於團隊與客戶的溝通。本書選取神經語言程式學（NLP）在人際溝通方面的應用，切中需要，細緻描述了與人交往的根本機制。眼見文心自從修讀NLP後日益進步，更在相關領域進修至博士，把NLP的溝通技巧實踐到生活中，與書的另一讀者局目子結集成書，令我倍感高興。

　　書中提及，成功溝通的重點不在於表達方式：而是要了解他人的自然反應。這正如鴻福堂多年來秉持的「以客爲本」理念。此外，強調傾聽技巧、培養同理心等方法，亦幫助我們看到互動中眞正重要的是人與人之間的連結。

　　本書將從基礎的NLP概念和技術開始，逐步引導讀者探索神經語言學的核心原理，並介紹一系列實用的技巧和方法，以提高人際溝通的效果。本書詳細探討語言學、情感分析和對話系統等關鍵主題，並通過實例和案例研究，幫助讀者更好地應用NLP技術解決眞實世界的人際溝通問題。

　　NLP的應用範疇廣泛，從商業到教育，從心理輔導到社交媒體，無所不在。作爲鴻福堂集團的主席兼執行董事，我深切體會到良好的人際溝通對於企業的成功至關重要。我們必須與客戶、合作夥伴和員工建立有效的溝通，以實現共同的目標。NLP技術爲我們提供了更多的工具，可以幫助我們解讀和回應不同的語言信號，從而建立積極和有意義的人際關係。

　　無論我們在NLP技術中取得多大的進步，最終的目標都應該是通過溝通來促進共同理解和合作。這本書將幫助讀者在技術的基礎上發展出更加敏銳和有效的人際溝通能力，並鼓勵大家在使用NLP技術時保持倫理和負責任的態度。

作爲管理者，我深信只有掌握溝通技巧，才能帶領團隊攜手共謀發展。透過本書的介紹，讀者不但能運用NLP照顧他人角度，也將建立良好的跨部門協作。

對於正接受管理及服務業訓練的學員，更是一本實用教材。相信通過書中方法，大家將在職場上獲得更大成就。願它能推動人與人之間的良好互動。

謝寶達

鴻福堂集團控股有限公司主席兼執行董事

香港餐飲聯業協會有限公司會長

香港廠商會品牌局理事

工業總會食品組委員

僱員再培訓局行業諮詢網絡委員會委員

香港工業專業評審局頒授2016、2018年度榮譽院士名銜

推薦序 4

　　我很高興可以替《NLP神經語言程式學實務——人際溝通》這本書寫序，與有榮焉。多年前看著文心從一個內向的青年，開始修讀社工、法律，看著他成長，到今天能言善辯，字字鏗鏘的博士研究生，一路走來也不容易。這些年來，看到他把NLP不斷、不斷實踐，更把所想所學，與另一位作者局目子寫成書，一切都不容易。

　　在這個高科技時代中，我們面臨著日益複雜和多樣化的人際溝通挑戰。因此，掌握有效的溝通技巧和工具變得至關重要。我多年在保險及金融管理行業工作的經歷，深深察覺與人溝通的重要性。神經語言程式學（NLP）作為一門研究人類語言和溝通的領域，為我們提供了寶貴的洞察力和應用工具。

　　本書精闢地介紹神經語言程式學(NLP)在人際溝通領域的應用技巧，相信可使更多想了解溝通的人獲益匪淺。書中提到的傾聽、觀察他人反應等方法，與人在工作與生活中常用的交流方式高度配合。

　　本書尤其注重溝通背後的心理層面，這與我長期致力於客戶體驗的理念不謀而合。成功溝通需要理解對方真正的需求和情緒，而非停留在言語表面。

　　然而，要真正實現有效的人際溝通，單靠技術是不夠的。我們還需要培養尊重、理解和共享價值觀的能力。對於新一代從事溝通相關行業的朋友，這部作品將是重要的參考書。只有掌握人際技巧，才能在競爭激烈的工作場域脫穎而出。

本人衷心希望，透過書中分享，讀者能提升自身的溝通水平，進而於工作與人生中獲致更大成就。祝願《NLP神經語言程式學實務——人際溝通》能夠爲你提供有價值的知識和實用的工具，使你在個人和職業生活中的溝通更加順暢和有效。

蕭錦成

蕭錦成先生現爲諾德保險經紀有限公司副行政總裁，專注大型企業及建造工程保險項目。他曾任職太古、匯豐及森那美等保險集團，具有超過四十年豐富金融及保險管理經驗。蕭先生亦爲中國城鄉控股有限公司非執行主席；御佳控股有限公司獨立非執行董事；並出任專業心理治療及催眠應用(香港)有限公司暨身心語言程式學術中心首席外部顧問。

在專業資格方面，蕭先生爲美國人壽管理學院院士；澳洲及新西蘭金融保險學會高級會員、認可保險師；澳洲及新西蘭管理會計師學會資深會員、認可管理會計師；英國環保工程師學會會員；英國皇家特許建造工程會會員、皇家特許建造工程師。

蕭先生亦擔任中港澳不同公職，包括中國人民政治協商會議韶關市委員；澳門保險業專業人材協會執行委員；香港韶關同鄉聯誼總會常務副會長；香港童軍總會九龍地域副會長暨產業委員會主席；新界總商會常務會董；廣東社團總會會董；香港工業總會工業支援服務協會執行委員；國際扶輪3450地區會員事務副主席；及國際青年商會香港總會資深青商會顧問。

推薦序 5

作爲一位商業顧問，我每天也在應用NLP，而NLP已經「入血地」影響我的生活。NLP（Neuro-Linguistic Programming）神經語言程式學或稱身心語言程式學無論在人際應用上，以至商業應用上也能讓我們與人的溝通事半功倍。

NLP是學習溝通的語言，有很多人告訴我，他們的人際關係並不理想。我想這是因爲他們沒有一套很好的溝通方法。這本書啟發了我：「這個世上沒有完美的方法，只有更完善的方法。」如何同步、如何有效溝通、如何觸動人心，其實在於觀察、觀察再觀察，溝通、溝通再溝通。溝通的意義在於對方的回應，沒有回應，也沒有溝通的意義。

這本書的書名十分妙，通者，貫通諸經的議論，指通達的議論。我認爲現今世代要成功可以有兩種方法：「一是通才，一是專才。」如果你能夠貫通所學，中西合璧，就能夠無所不談，天下無敵。

我在想：如果你能懂得書中NLP的各種感官及技巧，如書中所言的：五感、Meta Model、Meta Program等， 你就可以擴闊話題及聯想空間至無限大。書中有着不少 的實例及靈活運用 NLP的手法，希望此書能令你通達天地，令你的思想再無邊界!

Winson Kwok NLP應用專家、商業顧問

Winson Kwok 強調NLP的理論的應用和實踐。他爲美國NFNLP的課程負責人以及國際NLP英國協會IBNLP的亞洲區代表之一。他曾在多間大專院校講授商業應用及NLP的大原則，包括：IVE、香港理工大學、香港城市大學等，他亦具備培訓NLP導師的資格，多年來培養不少NLP導師及爲他們建立中心提供了不少的意見，現已超過10年，而合作機構多於150間。除培訓外，他亦獨具慧眼，憑自身的經驗創立機械人公司及諮詢公司，合作機構包括：數碼港、貿發局、香港不同的商業機構等。他亦接受不同媒體訪問，包括新華網、CCTV中文、人民網等。

HKNLPACADEMIC CENTRE HKNLP身心語言程式學術中心

- 專業心理治療及催眠應用(香港)有限公司 & 身心語言程式學術中心首席顧問
- 美國加利福尼亞大學爾灣分校University of California Irvine(經濟學系)畢業
- 美國NLP機構NFNLP發證培訓講師及培訓機構負責人之一
Website： https：//hknlp.info/
Instagram： showmenlp/winsonkwok

作者簡介

文心

　　他曾是Xanga專欄版作者，所作的文章在當時短短兩年內超過20萬點擊率。他除擁有社工榮譽學位，亦擁有法律榮譽學士學位的資格。他是英國註冊的心理學家、香港的註冊社工，亦持有法律深造文憑（GDL）（Commendation），以優異成績畢業。他也是沙田區傑出青年，曾獲《一百毛》訪問有關潛意識、夢境與催眠之事，曾從事禁毒、輔導中學生的工作。著作有《催眠師的筆記》、《酒徒與催眠》、《催眠師的世界：催眠‧聯想‧異次元》、《催眠師的秘技-戀愛心法》、《神經語言編程NLP通論——人際溝通》、《誰是「我」？催眠師所見的前世今生—揭露人類時空的歷史智慧》，亦出版學術論文餘篇，包括：〈從心理學角度探索中西方譯夢之異同〉，亦有針對催眠治療與應屆考生的應用，他也曾取得全港公開論文比賽季軍，以及在全港不同的徵文及創作比賽皆取得不少獎項。他亦曾在不同大學的研究生論壇講述催眠及心理學的專題講座，如：香港大學、香港中文大學、香港城市大學、香港都會大學、香港樹仁大學等。

　　文心為中文及歷史學系哲學博士研究生，主研醫學催眠史。他亦為香港大學法律系仲裁及調解碩士（擁有仲裁及調解員資格）、香港大學行為健康碩士（碩士論文從事與催眠治療相關的研究）、教育文學碩士、國際醫學及牙醫學催眠協會（IMDHA）催眠治療導師、美國國家催眠治療師公會（NGH）催眠治療導師及國際神經語言編程聯合會（NFNLP）導師。他就讀香港大學Master Course期間，在有關"Counselling and Psychotherapy"的學科中取得A grade 的成績。他很希望把不同的輔導手法融合，期望可以做到百貨應百客，奉行能幫到「當時人處理問題就是最好的方法」。他亦曾受邀到美國講學催眠，題材是"Hypnotic Text and Cultural Milieu in Late Qing China(from 1903 to 1912)"。

　　他亦醉心於武術，曾為大學前武術學會主席，文武皆宜。他亦擁有專業調酒師資格，不能自醉，所以希望調出醉人的文字，先醉自己，後醉他人。

專業認證：
- 麻省理工大學：設計思維、學習管理及領導證書
- 耶魯大學：行為心理學相關證書

履歷：
- 香港城市大學哲學博士研究生（主研中國催眠醫學史）
- 英國臨床心理學碩士研究生
- 香港大學法律碩士（仲裁及調解）：註冊調解員（The Accord Group）
- 香港大學行為健康碩士（畢業研究論文針對應屆考生的催眠治療應用）
- 香港城市大學文學專業教育碩士
- 英國BPP Uinversity：法律學士，以優異成績畢業
- 英國 BPP University：法律深造文憑（GDL）（Commendation），以優異成績畢業
- 英國心理學家協會（ABP）註冊商業心理學家、英國心理學家協會（ABP）成員
- 國際醫學及牙醫學催眠協會（IMDHA）催眠治療師
- 國際醫學及牙醫學催眠協會（IMDHA）發證培訓師及培訓機構負責人
- 美國國家催眠師公會（NGH）催眠治療師
- 美國國家催眠師公會（NGH）發證培訓講師
- 加拿大催眠學公會（PBH）發證培訓講師
- 美國催眠師協會（ABH）發證培訓講師
- 美國NLP機構NFNLP發證培訓講師
- 英國機構IBNLP發證培訓講師
- 香港心理衛生會（MHFA）精神健康急救學會員

作者簡介

局目子

萬變不離局。萬法不離目。子下通局目

局：世道萬變不離「佈局」，萬物的變化都是排列和佈局，「局」是萬變之母。人生如
棋如局。

目：圍棋是萬棋之王，在棋盤中的相交點就是「目」，萬物的變化就在於交目。有交
才有互，有互才有通，有通才是「緣」，所以萬物變化的軌跡和規律，就現於交
流相交交互，一「目」中。

子：在圍棋中，落棋稱爲「下子」，而下子就要落在「目」之中。所以無論世上有幾
多好局好目都好！你一日不下子，就只是站在旁邊，只是看著，沒有投入過人
生，就只是虛渡一生，可悲之。下子一步，局和目就現於眼前！多麼美妙！多麼
浪漫！

所以「局目子」就是人生，是修行，是法門，是快樂。

和文心老師再次合著，是何等享受之事，有朝聞道夕死可矣之感！

其言之有力，如金石可破，使人深信世間充滿無限可能。

「局目子」出生於修行之家，小時曾有幸遇明師，從此修學內、外家武學，哲、
道、醫等學說。

「局目子」著作有《樂問》、《心靈花園》、《活生不死》、《酒徒與催眠》。局目子爲電
訊學碩士及資訊科技學士，國際醫學及牙醫學催眠協會催眠治療師，加拿大催眠治
療師協會健康及心靈催眠治療師，國際神經語言程式學聯合會高級執行師，加拿大
催眠治療師協會證書頒授資格，美國國家催眠治療師公會催眠治療師。此外他是資
訊科技人、畫家、武術家、催眠治療師和專業攝影師等。二十多年來在不同道場中
說法和研究修行之理。「局目子」在文、武、哲、道、醫、科、易、拳，深有研究及
心得，更是「尙武會」之創立人，教授武學及修德之法。

履歷：

- 在修行養生強生方面極有心得，「局目子」著作有《樂問》、《心靈花園》、《活
  生不死》《酒徒與催眠》》、《催眠師的世界：催眠·聯想·異次元》。
- 局目子爲電訊學碩士及資訊科技學士
- Hypnotherapist 催眠治療師
- Specializes in Drawing Psychological Analysis 繪畫分析治療師
- 國際醫學及牙醫學 催眠協會(IMDHA)催眠治療師
- 國際神經語言程式學聯合會 NLPMaster Practitioner(NFNLP, USA)
- Life Member of Professional Board of Hypnotherapy, Inc.
- 加拿大催眠治療師協會(PBH)健康及心靈催眠治療師，
- 加拿大催眠治療師協會(PBH)高級繪畫分析治療師，
- 加拿大催眠治療師協會(PBH)導師資格，
- 美國催眠師協會(ABH)註冊催眠治療師
- 美國國家催眠治療師公會(NGH)催眠治療師，
- Hong Heath and Mind Counselling Centre(HMCC)高級催眠治療師

插畫師簡介

「你的認知如何，足以影響你的一生。」
Emma Wong爲本地插畫師，幼兒教育實務畢業，專長於數碼插畫及手繪插畫。

另外，她亦是IBNLP、NGH、IMDHA催眠治療師。在就讀中學期間美術科
多獲全級第一名，以及曾多次於公開美術比賽獲獎，如：職安健心意咕設計比
賽、衛生署舉辦的設計比賽、《中國少年兒童美術書法攝影作品》比賽，作品分
別獲得三等獎及一等獎等。

自序(文心)

　　我與局目子基本上無所不談。大約在2018年，有一段時間，我們幾乎每星期見面、對談NLP錄音自娛，此書已經初步萌生。

　　這顆種子種了五年，而我們已經累積了超過二十萬字，經多次「實驗」及「演講」，相關的內容已經植入了我們的潛意識，隨便也可不眠不休談數百小時。

　　由於種種「緣由」，這本書一直放在我們的「珍藏櫃」，未有公開發表。但這幾年，這個想法一直沒有停止，也沒有怠慢。我自己先後反覆實驗，寫了一些可能很小眾題材的書，如：《催眠師的筆記》、《酒徒與催眠》、《催眠師的世界：催眠‧聯想‧異次元》、《催眠師的秘技——戀愛心法》，而當中《酒徒與催眠》、《催眠師的世界：催眠‧聯想‧異次元》便是與局目子合作，雖稱不上甚麼「驚世傑作」，但我們絕對可以肯定與一般的催眠及NLP著作絕對不同。我們一直力求創新，寫人之未寫，不斷探索內心的無限可能性，也挑戰我們自己創作的極限。這次，如果不是局目子有系統地把不同的NLP理論，以自己的語言及獨有NLP的知識框架整合，這本書缺不能成。

　　要出版一本NLP「通書」及「教材」，所花的整理時間並不少，因為「教材」必須反覆求證，大膽實踐，尤其是NLP講求應用，我相信這亦是香港幾乎沒有NLP類別的教材之因。

　　這十多年間，我們一直從事對人的工作，適逢其會，遇到一間很好的出版社筆求人工作室– 筆求文創紙求出版，再次燃亮我們心中的火炬。

　　神經語言程式學(英語：Neuro-Linguistic Programming，簡稱NLP)，或譯神經語言編程、身心語言程式學。NLP是一套有系統性研究人類行為的工具。這本書作為NLP的入門教材，希望可以做到對每一個人的內在主觀體驗(subjective experience)，進行結構性的解讀，將其拆件，並把這些體驗分解為最小的組成部分，讓讀者可以把感觀進行改變、修改、改進，甚至能做到在NLP所說的刪減。

　　當我們可以改變內在主觀體驗，我們便可以改變原先的思考模式式框架，做到更快、更深層次去思考問題所在。

本書集百家之大成，結合了不同的說話高手及頂尖的心理治療師。當中重要人物包括了：Robert Dilts, Richard Bandler, John Grinder，他們為NLP的發展作出了不少貢獻。在1970年代中，他們在NLP的研究已開始引起人們的關注，直至現在。

NLP的技巧賦予了治療師更有效而快捷協助來訪者或案主(service users)改變他們的生活。神經語言程式學為他們己身創造了力量去改變及分析他們的生活，亦使他們可從中轉化人類的卓越智慧。簡而言之，神經語言程式學為有效而實用的應用心理學。

這本書結合了家庭治療(Family therapy)之母維琴尼亞·薩提爾Virginia Satir(26 June 1916 – 10 September 1988)、現代催眠(Hypnotherapy)之父Milton Erickson(5 December 1901 – 25 March 1980)及完形治療(Gestalt therapy)之父德國心理學家波爾斯Fritz Pearls(July 8, 1893 – March 14, 1970)的精髓而寫成，他們是卓越的心理治療師，值得我們學習。

NLP是一門應用性強而綜合百家的思考藝術，當你保持開放的態度，加以應用，相信這本書能應用在各個生活的領域。

＊　＊　＊

奧地利哲學家維特根斯坦Ludwig Wittgenstein有句話：
"The limits of my language mean the limits of my world."
「我的語言界限就是我的世界界限。」

「內在眞相」(immanent reality)是完美的語言，也不能敍述。

我們的「內在感受」，或稱「感受質」(qualia)，一如顏色這個概念不在物質世界，只在我們的想象中，所以，它是一種幻覺(illusion)。

何不打破主觀世界的眞實，
探索內在世界的無邊無際。

自序（局目子）

在這個世界上，不存在絕對的事實，只有相對的詮釋。這是尼采所提出的思想，他深刻認識到語言的強大力量。我們越來越清楚，所有認知世界中的事物都需要語言來進行描述、保存、改善、演進和表達。

在我所尊敬的NLP老師「文心」的引領下，我打開了智慧的大門，並在文明的軌跡中尋找智慧的蛛絲馬跡。語言是思考的基石，我們以語言為媒介進行思考，掌握語言就等於掌握智慧和文明的鑰匙。

說話、語言和文字是人類文明的重要突破點！人類從出現至今，究竟是如何成為物種之中的智者呢？正是語言帶來了認知革命，使得人類能夠進一步發展邏輯思考的能力，從而孕育出文明的蛻變！而神經語言程式學（NLP）則是語言智慧的結晶，以巧妙且有效地運用語言的方式，成為了文明中智慧的典範。

語言具有無窮的能量和影響力。透過精確的表達，我們能夠傳達思想、感情和知識，將人類智慧的火炬代代相傳。語言不僅用於溝通，更是思想的鏡子和思維的推進器。透過精準的詞語選擇、明確的邏輯結構和富有感染力的說辭，語言能夠激發人們的共鳴和共識，影響他們的信仰和行為。

然而，語言的力量也帶來了一定的挑戰和風險。詮釋的主觀性和多樣性使得不同人對於同一事實可能有不同的理解和評價。語言的誤導和誤解可能導致誤導和衝突。因此，我們需要以更加謹慎和明智的態度使用語言，善用語言的力量，促進溝通和理解，建立和諧的社會關係。

語言作為人類智慧的結晶，對於我們的思考、表達和文明的發展具有重要的意義。它是我們理解世界、交流心靈的工具，也是我們塑造現實、推動進步的動力。

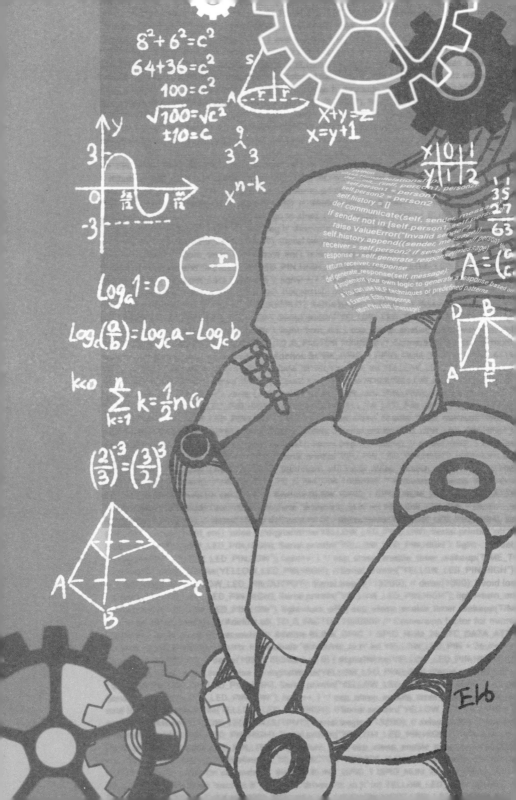

第一章
NLP專業教材概要

這份教材的目的是：透過「教」大家學習語言，「材」料讓學習者展現出真正精通語言的能力。學術知識猶如天上的繁星，多得無法計數，但其中真正可以在日常生活中實際且有效運用的，又有多少呢？實際上，這樣的知識非常稀少。

NLP專業教材的目的，就是要透過學習神經語言學的精髓，使學習者能在日常生活中實際運用這些知識，從而改變他們的生活和人際關係。

NLP介紹

「沒有事實，只有解釋」——這是尼采的獨到見解。他認為，這個世界上並不存在絕對的事實或真理，我們所認知的所謂「事實」，實際上只不過是我們通過語言或文字對現實的解釋，是我們實際的主觀情感。在這個意義上，語言和文字是瞭解和解釋世界的基礎，掌握語言就等同於掌握事實。

神經語言程式學(NLP)實際上是一種語言框架，它的作用類似於電腦程式語言框架，用於建立和組織我們的思想和行為。可以將這個過程想像成裝飾聖誕樹：你可以在樹上懸掛你喜歡的裝飾，但如果樹的結構不穩固，所有的裝飾都將無法保持。你亦可以在不同的聖誕樹上掛東西，因為這個世界上可以有不同的聖誕樹。你可以自己種一棵樹出來、你可以買一棵塑膠的、你亦可以用「任何的樹」把它搖身一變，變成聖誕樹。正正世界有不同的可能性，所以你可以創造不同的可能。最重要的是，你想用哪一棵屬於你的樹？

因此，NLP的教學就是要幫助你建立穩固且多元的語言框架，就像在聖誕樹上掛滿各式各樣的裝飾一樣，這樣你的生活將因此而變得獨一無二。如果你能精通NLP，你甚至可以成為一名出色的演說家，因為你已經掌握了如何有效地使用語言來影響和塑造你的世界。

NLP的定義

神經語言程式學(Neuro-Linguistic Programming，NLP)，或譯神經語言編程、身心語言程式學，是一種研究和模擬人類思維、語言和行為模式的理論和實踐方法，旨在提升個人溝通、學習和改變的能力。它起源於1970年代，由理查德·班德勒(Richard Bandler)和約翰·格林德(John Grinder)創立。

神經語言程式學如同在前文介紹中所述，是一種語言框架。我們的語言表達是一種系統，這個系統是由語言構建的，而這種語言又是由「字、詞、語、句」等元素演化出來的。這些元素如何組成一個系統，則是由我們的大腦和神經網路創造和調控的。

因此，在NLP中：

「神經(Neuro)」指的是與大腦神經活動相關的事物，這部分代表了我們如何通過五種感覺器官(視覺、聽覺、觸覺、嗅覺和味覺)感知世界。

「語言(Linguistic)」則是指在神經活動影響下產生的語言或文字，這部分代表我們如何用語言和其他非語言符號系統(例如身體語言)來給我們的經驗賦予意義。

「程式／編程(Programming)」則是指如何有系統地應用這些語言和文字來影響我們的思考和行為。這部分代表我們如何用思維和行為模式(有意識或無意識地)來組織我們的經驗和達成目標。

神經語言程式學的技巧和策略被廣泛地應用於各種領域，包括個人成長、心理治療、商業、銷售、運動訓練和教育等。然而，也應該注意到，NLP並非無懈可擊，有一些關於它的效果和科學依據的批評也存在。

心理輔導簡介

據《Tracework》Yapko研究指出，這世上多達400多種輔導手法，NLP及催眠只為其中一種。在香港，心理學家或社工也應用很多不同的心理輔導方法，而NLP應融入了以下的一些方法，現舉其一二。

心理輔導（Counselling）

心理輔導有別於溝通。它可應用於精神健康、心理上。它建基於人類發展及心理學的理論和輔導的理論，透過有有系統的方法探索認知、行為、情感等，與案主作系統性的介入，注重個人價值、發展以及處理心理問題。

心理治療（Psychotherapy）

心理治療是由受專業訓練的專業人士，如：精神科醫生、心理學家、社工等，以一種獨特的心理輔導形式來協助案主，處理心理問題、減輕主觀的痛感經驗、處理心理及精神問題，從而促進心理健康。心理治療一般是基於心理治療理論及相關實證研究（主要是輔導心理學、臨床心理學和精神病學）而建立的治療系統，以建立關係、深度的內在探索及認知行為上的改變等來達到輔導目標，舒緩受助者的心理健康等。

催眠

催眠是臨床心理學家經常用的一種彈性、自由度、廣泛性及影響持久度高的心理輔導手法。催眠意義在於幫助案主探索其潛意識，從而幫助案主了解問題的根源。

催眠治療（Hypnotherapy）

催眠治療用於心理治療用途：催眠治療是一套有系統的個人探索及問題解決方案，透過深度探索案主的潛意識，從中了解案主問題的根源，從而與案主共同制定有效的解決方案去達致案主想要的效果。長期和足夠深度的催眠治療亦可以在案主同意下改變潛意識去解決問題。

另外，人的潛意識與其腦袋開發程度相關。事實上，絕大多數人只用了腦袋整體能力的3-5%。催眠在呼喚潛意識的同時，也可刺激腦袋運用平時未經開發的部分，逐漸提升腦潛能。在催眠學角度而言，人的潛能是無限大。根據被催眠者的決心和接受程度，透過合適的誘導和心理輔導手法，人的潛能可被無限啟發。思考能力、記憶力、邏輯能力、適應能力及抗逆能力的提升都是腦潛能提升的表現。

繪畫心理投射（Projective Drawing）

繪畫心理投射是把深度的情感，以及一些難以用言語表達的情緒，用象徵性的方式表達出來。繪畫是潛意識的表達，繪畫是抒解與滿足，繪畫是診斷與治療。

遊戲治療（Play Therapy）

遊戲治療多應用於3歲至11歲的對象。遊戲治療是指透過遊戲來引導小孩去表達他們內在的感受和情感，如驚恐、討厭、憎恨、失敗或自責的情緒等，從而開結他們的心結。遊戲是小孩或我們從小不可或缺最自然表達情緒的方式，相對於長大後我們透過「說話」來表達所面對的問題一樣。

遊戲治療主要是建基於心理分析學派，兒童可通過遊戲來把內在的情感外顯化，並通過與治療師互動時，表現出來。通過遊戲，小孩可增加對自我行為和情感的認知，對促進個人發展、自我的信心及應對力有明顯的效果。

藝術治療（Art Therapy）

表達藝術治療常用於藝術治療師。表達藝術和心理治療常融合使用，藝術治療利用跨模式的藝術，如：繪畫心理分析、戲劇治療、舞蹈治療、音樂治療等，作心理輔導、教育發展等工具。它可增進個人成長發展，在創造性的情況下癒合，使個體對自己的身體、情感、思想和靈性作緊密聯繫。通過藝術表達，我們可善用自己內在資源，促進自我認識，提升自癒能力和自我的創造力。

家庭治療（Family Therapy）

家庭治療是一種心理治療。家庭治療會從家庭的系統（System）介入問題。自出生，我們個人的情緒及行爲皆受家庭中的互動模式所影響。家庭成員最主要的父母、兄弟姊妹、配偶及子女的行爲會直接影響我們的情緒及發展，而自身的行爲也直接影響每一個家庭成員，因而形成人際的互動模式。若我們可從個人的表徵問題出發，可了解家庭中各個衝突，從而作出適切的處理。家庭治療師受過家庭治療理論的系統性的訓練，通過了解不同的家座模式，「家庭排列圖」（genogram）及其中的應用技巧、家庭治療背後的冰山、以家庭作爲面談單位，發掘各個家庭成員的內在資源及潛能，協助個體及家庭尋找更多的可能性，以改變當前困局，走得更遠。

夢境解析（Interpretation of Dreams）

夢境，是潛意識的語言之一。催眠治療，是通過與潛意識溝通，提升身心靈整體健康的治療法。因此，通過解讀夢境將能更有效地與案主的潛意識對話，以提升治療的作用及效果。

潛意識受個體的深層信念及生活各方面的經歷影響，因此每個人的潛意識都獨一無二。佛洛伊德的象徵符號解夢法漸漸被摒棄的原因之一，是其忽略了這種獨一性。因此，解讀夢境必須學會發掘每個人的獨特性。

一些解夢的課程將以深入淺出、互動學習的方式，結合睡眠科學、夢境案例等，助學員了解如何發掘每個人的獨特性，從而解讀夢境並輕易應用於催眠的治療中。

認知行爲治療(Cognitive Behavioral Therapy)

認知行爲治療是心理學家常用工具，主要用於探索個人核心信念，讓我們明白到每一個人的「思想的陷阱」，如：非黑卽白、心靈感應等等，當我們了解自己的認知陷阱，我們可認識如何改變負面想法。

意象對話(Imagery Communication)

意象對話可以有多種方法。治療師通過引導的方式，帶領案主從引導性的想像、有劇本的引導性想像、圖像和繪畫或者是自發生成的圖像來聯想，從而處理個人及自身的問題。所有的想像是主觀的經歷所引起，所以經過進行意象對話，潛意識的感受或可通過對話呈現出來。

此外，還有衆多手法，此處未能一一盡錄。

NLP學會簡介

在NLP的世界裡，有很多不同的學會，大多學會來自歐美，以下爲一些學會的簡介：

IBNLP(UK)是一所英國的NLP學會，專注於健康科學、催眠、NLP、臨床及輔導心理學等領域發展，課程著重理論實踐及應用。

ABH(US)爲 Dr. A.M. Krasner 所成立，主辦NLP及催眠課程，由時間線治療創始人 Dr. Tad James 所創立，ABH是美國獲美國衛生機構認可之一的課程；NGH(US)爲國際性催眠學會，已有超過六十年培訓催眠師之經驗。

ABP是英國商業心理學家協會(ABP)成員(協會爲英國最大型商業心理學家註冊的機構)，此課程由ABP商業心理學家頒發證書。

IMDHA爲美國國際醫學及牙科催眠治療協會，註冊此協會須完成220小時的催眠治療及心理輔導訓練。協會不乏醫生、護士、心理學家、社工等註冊。

NFNLP為美國NLP協會，由 Dr. William Horton 所創。Dr. William Horton 為美國臨床心理學博士。協會為美國NLP最大型學會之一。此外 Dr. William Horton 亦為NGH的早期成員，所教授的學員超過三十個國家。

臨床心理治療師或臨床催眠師？

如果你認識NLP，你會發現NLP有很多不同的技巧也取材於催眠，坊間很多人都會把催眠或NLP技術推至臨床階段，所以有很多人以臨床心理治療師或臨床催眠師自居，但事實是？

香港十居其九的「催眠/NLP導師」都冠以「臨床心理治療師或臨床催眠師」字眼，筆者嘗試作出以下定義。香港目前尚無臨床催眠執業的管制，理論上任何人自稱為臨床催眠師，都不屬違法，卻有誤導成份。

據美國權威臨床催眠學會 "The American Society of Clinical Hypnosis"之定義，臨床催眠有以下標準：

1) Understanding, and application of hypnosis in health care;
2) To encourage research and scientific publication in the field of hypnosis;
3) To promote the further recognition and acceptance of hypnosis as an important tool in clinical health care and focus for scientific research;
4) To cooperate with other professional societies that share mutual goals, ethics and interests; and to provide a professional community for those clinicians and researchers who use hypnosis in their work.

(The American Society of Clinical Hypnosis is the largest U.S. organization for health and mental health care professionals using clinical hypnosis. Founded by Milton H. Erickson, MD in 1957)

Milton Erickson is a real doctor and psychologist, he can call himself as a clinical hypnotherapist.

而對於「臨床催眠師的定義」有以下重點：

Definition of "clinical hypnotherapist"：
1) Licensed and trained doctors or masters
2) To encourage research and scientific publication in the field of hypnosis
3) Aspects of the persons physiological and neurological functions

其一，「臨床催眠師」為有牌的醫生與輔導行業相關之專業人士；
其二，「臨床催眠師」具研究能力；
其三，其所從事之研究與生理及神經系統有關。

在香港，臨床一詞只應用在「臨床心理學家」、從事醫學實證的科學家與醫生，卻鮮有「臨床催眠師」，而「臨床心理學家」所需要求甚高，若胡亂運用，則貽笑大方。在香港要成為執業的「臨床心理學家」必須具有以下資格，而只有香港心理學會(HKPS)所認可的臨床心理學家方可在政府從事有關臨床心理學的工作。

香港心理學會的註冊委員會於一九九四年五月成立。香港註冊心理學家名冊專輯載有該會認可專業資格的會員姓名及其專科說明。註冊心理學家必須為香港心理學會會員，並受該會專業守則約束。註冊心理學家的資格如下：

1) 須為香港心理學會會員(名譽院士除外)；
2) 具有香港心理學會認可之心理學高級學位(碩士或博士)；
3) 在取得認可學位資格後，須具備最少一年本會認可心理學專業工作經驗。

「臨床心理學」並非醫科，所以任何醫生，除非本身亦有修畢碩士或以上程度的認可臨床心理學專科課程，否則他亦不會是「臨床心理學家」。

此資料引用於香港心理學會對「臨床心理學家」的定義，其明確指出了要成為「臨床心理學家」必須具有臨床心理學碩士學位或以上的資歷方可註冊。

在香港，只有香港大學及香港中文大學開辦有關課程，而其每年只收約二十多人（可參考各大學的臨床心理學收生網站）。其次，此兩所院校更不是每年招收學生，即一年產出的臨床心理學家最多最多只有約四十人，甚至沒有。試問坊間何以有哪麼多「臨床催眠師」？他們又在何處修讀？

我們希望再重申：在香港，大部分催眠導師並無與「臨床」相關資歷，更甚連輔導學位也沒有，情形一如成語東施效顰。東施只知道西施的美，卻不知她為何美，就隨意模仿，結果弄巧成拙。一個看很多醫學雜誌的人總不會稱自己為醫生、一個有辯才的人也不會稱自己是律師、一個接觸很多催眠知識的人也不會稱自己為「臨床催眠師」，這就是即是你報讀了NLP執行業的課程，也未必有「臨床執行師」資格的原因。

修畢一些NLP課程之後，你絕對可以稱呼自己為「NLP執行師」，有意識、有系統地與人溝通及「執行」NLP，但千萬不要胡亂使用臨床或「開藥」。

第二章
神經語言學

NLP是一種綜合性的學科，包含了多種技術和工具，旨在幫助人們改變不良的行為和思維模式，並實現個人和職業目標。NLP模仿技術是其中的一種重要工具，可助人們學習並應用成功人士的行為和策略。

研究「結合腦神經及語言」的「神經語言學」

NLP是研究「結合腦神經及語言」的一門專業的「神經語言學」。神經語言程式學是一種心理學與語言學的應用學科，主要探討人類思維與行為的模式及其研究方法。NLP利用語言和行為的模式，幫助人們發現並改變不健康的行為與思維模式，以實現個人和職業目標。它的理論基礎在於探討人類如何感知並處理信息，並將這些信息轉化為行為和語言。

NLP技術是NLP的核心，提供一系列描述和解釋人類行為的方法與技術。這些技術包括語言模型、行為模型和思維模型等，能幫助人們更深入理解自己和他人的語言和行為模式，進而改變並提高自己的行為和語言表達方式。NLP技術也廣泛應用於個人成長、職業發展、教育和商業等領域。

NLP的模仿技術旨在幫助個人學習成功人士的行為和策略，以達到類似的成功水平。這種技術涉及觀察和分析成功人士的行為和思維模式，並將這些模式應用於個人的生活和職業中。

總的來說，NLP是一種綜合性的學科，包含了多種技術和工具，旨在幫助人們改變不良的行為和思維模式，並實現個人和職業目標。NLP模仿技術是其中的一種重要工具，可助人們學習並應用成功人士的行為和策略。

NLP研究如何將由腦神經活動產生的詞語有系統地演繹出來，從而使他人清晰理解你的意思，加強溝通，達到互相理解，以此改善人際關係並獲得彼此的信任。

NLP是一門從理論到訓練，從練習到應用，從嘗試到實踐的完整學科。更確切地說，它是一門將整合應用學（Applyology）與方式學（Methodologies）結合的「應用方法學」（Appmethodology）。NLP教導我們如何重建自己的有效語言框架，並結合有效且有力的詞語和句子元素，以系統化的方式進行溝通。逐步實現有效溝通，建立良好的人際關係，甚至可能成為一位優秀的演說家。

NLP是科學還是藝術？

NLP專注於各人的神經系統（Neuro）是怎樣思考，而語言（Linguistics）則集中於人如何通過語言，包括非語言作溝通，而程式（Programme）則是我們人類的獨立表象系統、感覺與行為。NLP是一門綜合百家的技術，它考慮到人的主觀體驗結構（subjective experience structure），可以用作交流、處事、行為上的改變。通過這些技巧，我們的處事的認對態度或者可以改變。當我們掌握特定的結構，則我們便可以模仿獲不同人的行為，便加以進行學習、解釋，我們的心態上及行為上必然會帶來改變。這也是催眠的起源和風格。你可把NLP視為個人的卓越的藝術。

若要更準確來說，它是一門了解人類行為模式（behavior patterns）。當你使用它，它將會徹底理解後改變你原本行為模式的科學。NLP在營銷和銷售人員

中很流行，原因是NLP傾向於提升人們的敏感度(sensitivity)，而NLP亦特別適合在解決衝突，如應用在：社會工作，企業家和治療師相關的職業等。如果我們可以在有效性的框架下定義卓越(excellence)，那麼最自然的語言處理就是一種卓越的方法。例如，現今催眠之父米爾頓‧艾瑞克森(Milton Erickson)會通過監視案主以建立與他們的聯繫，從而實踐了自然語言處理的概念，然後試圖影響他們的行為並改變他們的現在和將來。

米爾頓‧艾瑞克森的整合式催眠(Ericksonian approach)是一種結合醫學結構的催眠，它一直考慮人類行為的思考模式、心理結構(psyche)和思想。他的模式旨在探索善用原則及與其他心理和醫學療法結合使用，當中包括：身體內在及精神病性精神障礙(psychiatric mental disorders)。一星期、一個月或一年的培訓課程並不可以把你變成專業人士，如：醫生、律師，但卻可以把任何人變成嘗試代入他們的思考模式。

語言學家格雷戈里‧貝特森(Gregory Bateson)沿用了艾瑞克森(Erickson)模式的要點，並將其進一步發展為自然語言處理(NLP)，所以學習催眠亦能讓你好好認識NLP。我們可以基於NLP的基礎概念來判斷其有效性。

首先，NLP的十二大前設假設了這個世界沒有挫敗(failure)，只有回應(feedback)。當你在挫折中得到回應，無論是甚麼回應，都可以使你意識，並有效地使你慢慢進步。其次，NLP也假設了我們每一個人也都具體了所有必需的內在資源(inner resources)，你需要做的是：在正確的時間使用這些資源，做對的事。我們需要將專注力集中在解決，而不是問題的本身。其次，任何成功的人也可以被複製。即使是最複雜的事，也可以通過學習而得。如果把這些複雜的事變成微小的部分，逐小、逐小去完成每一部分，沒有甚麼是做不到的。當完成微小的目標，它會推動你完成更大、更多、更完整的目標，而你亦可漸漸看到藍圖。最後，你亦要相信越靈活(flexible)的人越能影響大局，當一個人越靈活，他將可在茫茫人海，以致群體中發揮作用：他可以挑戰一切的局限性。

很多研究表明，NLP技巧也是科學的結晶，如在行為主義心理學（**behaviorist psychology**）中的條件反射（**conditioning**），以至心錨（anchoring）。很多不同的NLP執行師借題發揮，開創了不同的技術，例如：submodalities（次感元），他們都通過不同的科學研究來進行實證。

你可以隨意在不同的大學課程，如：香港大學或在國外的研究中找到NLP的課程或研究，你可以發現他們亦肯定了NLP的成效。儘管如此，NLP的發展歷史還是比較短，大部分的研究也是集中在1970年至1980年之間，所以一些準確或非常完整的研究尚不斷在進行，推陳出新。

如果NLP的方法真的適用在各個行業中，那麼NLP可以是管理層將自身的敏感度和敏銳觀察力相互結合而得出最簡單的培訓方法。很多人會質疑NLP的科學性，因為它與占星術（astrology）相若。占星術是科學嗎？它是一套有系統的技術、是一種藝術、還是一種只是觀察？卽是很多人認為NLP不是一種科學，但你亦可以視它為一種發展人際交往的能力（interpersonal skills）。

許多專業的機構或領域中也會應用NLP，例如：教育工作者、運動員等，所有人都可以在實踐NLP的方法，提升了他們在特定領域的績效水平。只要他們運用NLP的方法，他們只需通過很少的行為實踐，就可以改變自身的生活質素。

神經語言編程的應用

為甚麼NLP如此重要？

加州大學洛杉磯分校心理學教授Albert Mehrabian指出人有55%溝通靠的是肢體語言、38%來自語調，只有7% 才是來自我們所說的話。NLP就是通過同步（Pacing）去模仿（Mirroring）對方，當中可以是對方的遣詞、動作、呼吸。進

以配合（Matching）（與對方採取相同外在行動與說話方式），最後引導（Leading）（改變自己的說話/行爲模式，從而誘導對方進入自己的行動/思考的過程）。在日常應用中，我會嘗試模仿對方的語調、說話方式、用語（斯文的斯文、粗俗時粗俗）及微動作，尤其在動作部分，從而建立親和感。當親和感建立後，我會慢慢改動自己的說話內容，從而作引導。

神經語言程式學是一種心理學與人類行爲學的方法論，其理論基礎在於探究人類如何感知和處理信息，以及如何將這些信息轉化爲行爲和語言。以下是一些NLP技術的應用範例：

1. 建立良好的關係：NLP技術可以協助人們發現自身及他人的語言和行爲偏好。這種理解可以促進人與人之間的溝通，進而建立更緊密的關係。例如，NLP中的「鏡像技巧」可以幫助一個人更好地理解另一個人的語言和行爲偏好，從而提升與對方的溝通效果。
2. 減輕壓力：NLP技術可以協助人們應對壓力和焦慮。例如，「情境重建」是一種NLP技術，能幫助人們在想像的情境中重新處理過去的壓力事件，進而減少壓力和焦慮。
3. 改變負面信念：NLP技術可以幫助人們改變負面信念，如自我懷疑和自我否定。例如，「時間線療法」是一種NLP技術，可以協助人們探索他們的過去和未來，從而改變他們對自身及世界的看法。
4. 提高銷售技巧：NLP技術可以幫助銷售人員更深入理解案主的語言和行爲偏好，進而提升銷售成效。例如，「後設模式」是一種NLP技術，能協助人們更精確地理解並回應案主的語言和行爲。
5. 改善學習技巧：NLP技術可以幫助人們更有效地學習和掌握新知識。例如，「建構學習」是一種NLP技術，可以協助人們通過將新知識與既有知識相結合，以提高學習和記憶新知識的效果。

NLP的應用日益廣泛，例如在刑事調查中、體育心理學、正規教育和企業培訓等等。

不單在口頭交流中，NLP對人類心理學亦起重要作用，因它可以通過不斷的練習，改變、影響及轉化人類的行為。你亦會看到坊間很多書籍，如：FBI專家教你談判技巧、FBI教你盤問技巧，在這些書籍中，你可以見到很多FBI技巧其實也是應用NLP的影子。卽使是FBI的探員中，他們亦運用不少NLP的框架與證人及罪犯建立融洽的關係(rapport building)，欠缺了rapport building，卽使他的說話技巧，也不能與人建立關係。他們比常人厲害的地方是他們很懂得使用非言語舉動(non-verbal behavior)，以便與人同步。他們善於專注在人的說話方式，例如音量、音調、語速，然後通過使自己的風格與人同步，從而建立融洽的關係。這樣，他們就可以收集更多相關信息的可能性。我相信建立關係亦是很多職業或領域需要的事。簡而言之，這些書籍也教了你如何使用NLP採取實際行動，而NLP就是一種實踐心理學，講求知行合一。

此外，心理學的研究亦指出：NLP的語言模式，亦改變了運動員的自信心，語言及思維方式。通過不斷的正面自我對話可以改變一個人的心理狀態，這亦是NLP的目標之一。如果一個運動員可以通過自我對話，並需要改變一些心靈感應(mind-reading)的謬誤，他們的感受、想法、行為、感情也會表達得更加恰當，有邏輯和更加準確。

感覺敏銳度(Sensory Acuity)

人的感覺敏銳度對於接收良好的信息極為重要。人類通過感覺系統去感知世界，當中包括：視覺、聲音、觸覺、味覺和味覺的五種不同的感官，NLP可以幫助我們重新創建對現實的體驗。人類主要用來感知的體驗有三種主要感官：

1)視覺系統Visual、2)聲音系統Auditory、和3)觸覺系統Kinesthetic。以下練習將有助於提高您的感覺敏銳度：

感覺敏銳度(Sensory Acuity)各有不同，過去的感覺敏銳度測試經常耗時且

複雜，這並不符合NLP的理念。因此，我們創立了「花園感覺快測法」。

模擬練習

　　你面對一道門，將門打開，你進入了一個寧靜的晚上，抬頭望向漆黑的天空，看到不同的星星在閃爍。星星劃破漆黑的天空，在這寧靜的夜裡，你能聽到幾種聲音？一、二、三⋯⋯聽到雀鳥的叫聲，聽到風的呼嘯、海水拍打岸邊的聲音⋯⋯一陣海水的味道飄來、小草的氣味、大自然的味道⋯⋯這些都從你的鼻子進入心靈。風吹過你的臉龐，輕撫著你的皮膚，溫暖的衣物與身體的接觸感、赤足在沙灘的感覺⋯⋯。

　　靜下來3分鐘，讓聲音導航你繪出一個故事。
　　記錄下你看到了幾種東西，
　　聽到了多少種聲音，
　　嚐到了多少種味道，
　　感受到了多少種感覺，
　　以及你有多少種想法。
　　0-3 分數爲低，
　　3-10 分數爲中，
　　10-15 分數爲高，
　　15以上分數爲超高。
　　記錄的細節越多，代表感覺敏銳度越高。

　　傳統感覺敏銳度測試，即對我們周遭環境的感覺敏感度測試，可以從不同的感覺維度進行。以下是一種快速的感覺敏銳度測試方法：

模擬練習

1.視覺敏銳度測試：找一個安靜的場所，選擇一個方向看，試著識別並記住你能看到的所有事物。然後關上眼睛，試著回想記住的每一樣事物。再開眼，看看你是否遺漏了甚麼。

2. 聽覺敏銳度測試：找一個安靜的場所，閉上眼睛，試著識別你能聽到的所有聲音。注意到聲音的來源、音調、音量和質感。然後開始一個新的聲音，並看你能否立即注意到。
3. 嗅覺和味覺敏銳度測試：關上眼睛，讓朋友給你一種香氣或食物，然後試著識別它。嘗試將其與你的記憶中的氣味或味道對照。
4. 觸覺敏銳度測試：閉上眼睛，讓朋友將不同的材料放在你的手上，然後試著識別它們。注意它們的溫度、質地和形狀。

　　進行以上測試後，你可以評估自己在各感覺領域的敏銳度。如果你能識別並記住大部分的事物、聲音、氣味、味道和觸感，那麼你的感覺敏銳度可能很高。如果你發現在某個領域中遺漏了很多，那麼你可能需要在這個領域上進一步練習和提高。

模擬練習

　　我們可以與不同的人來進行練習，從中與他們建立關係。
1. 我們可以嘗試與人一起同呼同吸。如果他們呼吸加快，你也可以加快，如果他們放慢，你也可以放慢。
2. 你也可以嘗試跟隨別人的姿勢和動作。你不需完全地模仿，你可以嘗試慢慢而自然地與他們交流。
3. 你亦可嘗試找出別人用的語言來和他們溝通。如果他們說閉上眼時不能夠清楚描述及看不到某些物件時，你可以嘗試找出他們過去的經驗，用他們的用語及過去的經驗來使他們找出符合的內容。
4. 花幾分鐘來回憶他們告訴你的內容以加強溝通及掌握他們的模式。

　　你亦可以說一些與他們完全無關的用語，及不跟隨他們的呼吸、語調等，你可以留意當中的效果會迥然不同。

NLP詞彙學(Lexicon)

說話的語言永遠離不開「詞彙」(Vocabulary)。NLP非常重視「用詞」的選擇，因為一個有效的字、詞、語句可以直接觸及他人的內心深處，並產生共鳴。

通過選擇恰當的動詞和形容詞，我們可以喚起他人的想像力，讓他們直觀地感受到我們所說的內容，進而產生強烈的共鳴。

詞彙分析是一種應用技巧，它可以幫助我們更好地運用詞彙來溝通和影響他人。VAKGOT是一種詞彙應用法和訓練法，它涉及到視覺(Visual)、聽覺(Auditory)、動作(Kinesthetic)、味覺(Gustatory)、嗅覺(Olfactory)和語言(Language)等感官，以及思考(Thinking)的層面。

透過VAKGOT的應用，我們可以根據對方的感官傾向，選擇恰當的詞彙和語言風格，以更好地與他們溝通和建立共鳴。這種技巧可以提高我們的說話效果，使我們的信息更容易被理解和接受。

總之，詞彙在NLP中扮演著重要的角色。運用恰當的詞彙和語言，我們可以更有效地與他人溝通，影響他們的思想和情感，並建立深刻的共鳴。

NLP的詞彙學(Lexicon)是指在NLP中使用的詞彙和語言模式的集合。NLP將詞彙學視為理解和操作人類思想、情感和行為的關鍵工具。

NLP的詞彙學包含了豐富的語言模式、詞語和詞組，這些詞彙和模式用於幫助我們理解和描述個人的內部狀態、思維過程和行為模式。它們可以用於描述感受、信念、目標、價值觀、策略、情感狀態等方面。

NLP的詞彙學也包括一些特定的語言模式和技巧，用於建立良好的溝通、改變思維方式、增強自信心、激勵行動等。這些模式和技巧可以幫助我們與他人更有效地溝通，理解他們的內在體驗，並協助他們實現目標和改變。詞彙學是NLP的基礎之一，它提供了一套語言工具和模式，用於瞭解和影響個人的思想、情感和行為。通過運用NLP的詞彙學，我們可以更好地理解自己和他人，以及改變不利的思維和行為模式，實現個人和專業生活的成長和成功。

NLP的詞彙學應用在人際關係

NLP的詞彙學在人際關係中可以應用於以下幾個方面：

1. 建立連結和共鳴：透過適當的詞彙和語言使用，我們可以與他人建立更深層次的連結和共鳴。選擇具有正面情感和共享價值觀的詞彙，可以增加與他人之間的共同點，促進互相理解和共享經驗。

2. 溝通效果：詞彙的選擇可以影響我們的溝通效果。使用明確、具體、肯定的詞彙，可以使我們的信息更清晰易懂，減少理解的歧義和誤解。同時，運用情感豐富的詞彙，能夠更好地傳達情感和共鳴，增強溝通的效果。

3. 創造積極氛圍：適當的詞彙可以營造積極的氛圍，增加人際關係的和諧和快樂。使用正面的詞彙，表達讚賞和鼓勵，能夠激發他人的積極情緒和自信心，促進更良好的互動。

4. 調整語言風格：根據對方的溝通風格和感受偏好，適應調整自己的詞彙和語言風格。如果對方偏愛具體的視覺描述，我們可以運用視覺化的詞彙；如果對方更注重情感和感受，則可以使用情感豐富的詞彙和形容詞。

5. 解決衝突和溝通障礙：在衝突和溝通障礙的情況下，運用NLP的詞彙學可以幫助我們更好地理解對方的觀點和情感，以及表達自己的立場。透過關注對方的詞彙和語言使用，我們可以找到共同的語言，增進溝通，解決問題。

總之，NLP的詞彙學可以幫助我們在人際關係中運用適當的詞彙和語言，建立連結和共鳴，增強溝通效果，創造積極氛圍，並解決衝突和溝通障礙。這些技巧有助於改善人際關係，促進更良好和諧的互動。

日常練習

應用NLP的詞彙學在人際關係中的例子：

當應用NLP的詞彙學在人際關係中，以下是一些舉例說明如何應用：

1. 使用讚美和鼓勵的詞彙：當你想表達對他人的讚賞或鼓勵時，選擇積極的詞彙可以增強效果。例如，你可以說「你做得真棒！你的努力和創造力令人印象深刻」，這樣的詞彙能夠讓對方感受到被肯定和鼓勵，促進良好的人際關係。

2. 使用共鳴的詞彙：當你希望與他人建立共鳴和連結時，選擇能夠引起共鳴的詞彙。例如，如果對方提到他們感到擔憂和壓力，你可以回應說「我完全理解你的感受，我也曾經有過類似的經驗。」這樣的詞彙表達能夠讓對方感受到你的共鳴和理解，加強彼此之間的連結。

3. 適應對方的語言偏好：觀察對方的語言偏好，並根據他們的偏好來選擇詞彙。例如，如果對方喜歡使用視覺化的描述，你可以運用視覺化的詞彙來表達你的意思。例如，「我能夠清晰地看到你所描述的畫面，它真實而美麗」。這樣的詞彙選擇能夠與對方更好地連結和溝通。

4. 避免負面詞彙和指責：在人際關係中，避免使用負面的詞彙和指責性的語言。相反，選擇積極的詞彙和建設性的表達方式。例如，代替說「你總是犯錯」，你可以說「讓我們找一個更好的解決方案」。這樣的詞彙選擇能夠促進合作和解決問題。

以上是一些例子，展示了在人際關係中如何應用NLP的詞彙學。關鍵是選擇適當的詞彙來增強連結、表達共鳴、適應對方的語言偏好，並避免負面詞彙和指責性的語言。這些技巧有助於建立更良好的人際關係，提升溝通效果，並增進相互的理解和連結。

詞彙類指引

V：視覺

以下是一些與視覺相關的詞彙：

1. 看見(see)
2. 看(look)
3. 觀察(observe)
4. 看到(notice)
5. 注視(gaze)
6. 瞥見(catch a glimpse)
7. 目睹(witness)
8. 目光(gaze)
9. 閃光(flash)
10. 光線(light)
11. 彩虹(rainbow)
12. 陽光(sunlight)
13. 星星(stars)
14. 眼睛(eyes)
15. 瞳孔(pupil)
16. 眼神(gaze)
17. 視野(field of vision)
18. 鏡子(mirror)
19. 畫面(image)
20. 遠方(distance)

　　這些詞彙描述了與視覺感知相關的行為、物體、感受和場景。它們可以在描述視覺體驗、視覺觀察和視覺感知時使用。

A：聽覺

以下是一些與聽覺相關的詞彙：

1. 聽見(hear)
2. 聽(listen)
3. 聲音(sound)
4. 耳朵(ear)
5. 聲波(sound wave)
6. 聲音效果(sound effect)
7. 音樂(music)
8. 噪音(noise)
9. 唱歌(sing)
10. 說話(speak)
11. 耳語(whisper)
12. 樂器(instrument)
13. 呼吸聲(breathing)
14. 鐘聲(bell)
15. 鳥鳴(birdsong)
16. 聲音迴響(sound echo)

17.吵鬧(cacophony)　　　18.安靜(quiet)

19.嗚咽(sob)　　　　　20.音量(volume)

這些詞彙描述了與聽覺感知相關的聲音、聲波、感受和活動。它們可以用於描述聽覺體驗、聆聽行為、聲音效果和音樂等。

K：接觸感覺

以下是一些與觸感相關的詞彙：

1.觸摸(touch)　　　　　2.感受(feel)

3.接觸(contact)　　　　4.溫暖(warm)

5.冰冷(cold)　　　　　6.柔軟(soft)

7.粗糙(rough)　　　　　8.光滑(smooth)

9.潮濕(damp)　　　　10.熱度(heat)

11.刺激(stimulate)　　12.壓力(pressure)

13.摩擦(friction)　　　14.舒適(comfortable)

15.痛覺(pain)　　　　16.警覺(alert)

17.震動(vibration)　　18.握手(handshake)

19.拍打(pat)　　　　　20.撫摸(caress)

這些詞彙描述了與觸感相關的感受、物體特徵和互動行為。它們可以用於描述觸摸、感受溫度、質地、壓力等觸覺體驗和觸摸互動。

G：味覺

以下是一些與味覺相關的詞彙：

1.味道(taste)　　　　　2.鹹(salty)

3.甜(sweet)　　　　　4.酸(sour)

5.苦(bitter)　　　　　6.辣(spicy)

7.香(fragrant)　　　　8.清淡(mild)

9.濃郁（rich）　　　　　　10.新鮮（fresh）

11.口感（texture）　　　　12.飽和（saturated）

13.香料（spices）　　　　14.烹飪（cooking）

15.烤（roasted）　　　　　16.酸甜（sweet and sour）

17.香蕉（banana）　　　　18.咖啡（coffee）

19.巧克力（chocolate）　　20.酒精（alcohol）

　　這些詞彙描述了與味覺相關的味道、口感、食物特徵和烹飪方法。它們可以用於描述食物的味道、口感和風味，以及與味覺感知相關的飲品和食材。

O：嗅覺

以下是一些與嗅覺相關的詞彙：

1.氣味（odor）　　　　　2.香氣（fragrance）

3.香味（aroma）　　　　　4.刺鼻（pungent）

5.芳香（perfumed）　　　6.香料（spices）

7.花香（floral）　　　　　8.酸臭（acrid）

9.清新（fresh）　　　　　10.香草（vanilla）

11.香蕉（banana）　　　　12.檸檬（lemon）

13.玫瑰（rose）　　　　　14.咖啡（coffee）

15.薄荷（mint）　　　　　16.洗衣粉（detergent）

17.肥皂（soap）　　　　　18.香水（perfume）

19.香煙（cigarette）　　　20.煙燻（smoke）

　　這些詞彙描述了與嗅覺相關的氣味、香氣和味道。它們可以用於描述不同的氣味感受，包括花香、香料、食物和其他物質所散發出的氣味。

T：想法

以下是一些與想法相關的詞彙：

1.思考(thinking)　　　　2.想像(imagination)

3.觀念(concept)　　　　4.想法(idea)

5.理解(understanding)　6.分析(analysis)

7.探索(exploration)　　8.推理(reasoning)

9.設想(conception)　　10.概念(notion)

11.理念(conceptualization)　12.情感(emotion)

13.計劃(plan)　　　　14.規劃(design)

15.反思(reflection)　　16.創造力(creativity)

17.判斷(judgment)　　18.看法(perspective)

19.目標(goal)　　　　20.看待(perception)

這些詞彙用於描述和表達人們的思考、想像、理解和創造力。它們涵蓋了想法、觀念、計劃和反思等方面，用於描述人們的思維過程和心智活動。在說話或寫作時，我們可以利用五種感官，也可在內容中排除感官，從而形成更客觀的表達。

雖然我們可以感知到五種感官，但我們傾向於偏愛某些感覺而不是所有的感覺。雖然人們中的一些感官可能是均衡的，但許多人對視覺或觸覺的信息有很大的偏好。我們可以在與人對話時使用這些感官語言以檢測對方的感覺偏好。

如果對方是一個「視覺型的人」，那麼我會使用更多的有關視覺型的詞彙。另一方面，如果對方特別注意聲音，那麼我可能會使用更多以聲音爲基礎的隱喻。同樣，如對方是觸覺型的人，我可也可以強調更多觸覺的感覺，使用觸覺的語言來進一步在人際關係中描述，以吸引對方的興趣。感覺語言在吸引他人方面更強大，僅僅是因爲它觸發了我們的感官，而不是需要更抽象或客觀的談話。如果你用文字描繪圖片、聲音和感覺，你會立即獲得關注和更多的理解，從而能夠更好地進行有效的溝通並說服他人支持你的事業。與任何交流一樣，如果你向一個人反映他們喜歡的東西，那麼他們會比其他人更關注這些東西。使用他們喜歡的感覺通道也會讓你看起來更像他們，從而與他們建立聯繫，從而獲得他們的信任。

有特殊能力和影響力的「Magic words」

　　神經語言程式學中的「Magic words」指的是特定的詞語或詞組，可以在溝通和影響他人時產生強大的效果。與人對話時，也可設計不同的「magic words」，如：你可能/可以/嘗試……這些詞語被視為在語言中具有特殊能力和影響力的詞彙。

　　以下是一些常見的NLP「Magic words」的例子：

1. 「因為」(Because)：使用「因為」後接合理的理由，可以增加說服力和影響力。例如：「因為這項產品具有高效能，所以您可以節省時間和成本。」
2. 「現在」(Now)：將注意力引導到當下的關鍵時刻，可以增強影響力和決策力。例如：「現在就開始行動，您將立即看到結果。」
3. 「感謝」(Appreciate)：表達感激和肯定，可以建立信任和良好的關係。例如：「我非常感謝您的合作和支持。」
4. 「想像」(Imagine)：引導對方進入想像的狀態，可以啟發創意和打開思維。例如：「請想像一下您實現目標後的成就感和喜悅。」
5. 「可能性」(Possibility)：強調可能性和潛在的好處，可以激發動機和積極性。例如：「這項計劃提供了無限的可能性，讓我們一同追求成功。」
6. 「選擇」(Choice)：強調選擇權和自主性，可以增加對方的參與感和決策力。例如：「您有多種選擇，請根據自己的需求做出最佳決策。」

　　這些「Magic　words」在NLP中被視為可以產生心理影響和增強溝通效果的詞彙。然而，重要的是要注意，語言本身僅是NLP中的一個元素，成功的應用還需要結合其他NLP技巧和原則，以及適當的語調、身體語言和情感表達。

50 個神經語言程式學的「Magic words」

　　這50個詞彙被認為在溝通和影響他人方面具有特殊的力量和效果。以下是一些常見的「Magic words」供您參考：

1.了解（Understand）　　　　2.接受（Accept）

3.開放（Open）　　　　　　　4.聆聽（Listen）

5.支持（Support）　　　　　　6.創造（Create）

7.變化（Change）　　　　　　8.成長（Grow）

9.激勵（Motivate）　　　　　10.共鳴（Resonate）

11.聯繫（Connect）　　　　　12.解決（Resolve）

13.認識（Recognize）　　　　14.鼓勵（Encourage）

15.感恩（Gratitude）　　　　16.輕鬆（Ease）

17.合作（Cooperate）　　　　18.達成（Achieve）

19.勇氣（Courage）　　　　　20.平衡（Balance）

21.自由（Freedom）　　　　　22.創新（Innovation）

23.調整（Adjust）　　　　　24.領導（Lead）

25.意圖（Intention）　　　　26.知覺（Perceive）

27.感受（Feel）　　　　　　28.能量（Energy）

29.期望（Expectation）　　　30.整合（Integrate）

31.完成（Complete）　　　　32.放鬆（Relax）

33.適應（Adapt）　　　　　34.超越（Transcend）

35.開心（Joyful）　　　　　36.投入（Engage）

37.目標（Goal）　　　　　　38.調和（Harmony）

39.創意（Creativity）　　　　40.彈性（Flexibility）

41.潛力（Potential）　　　　42.探索（Explore）

43.建立（Establish）　　　　44.調整（Tune）

45.知識（Knowledge）　　　46.改變（Transform）

47.自省（Reflect）　　　　　48.驚喜（Surprise）

49.吸引（Attract）　　　　　50.進步（Progress）

　　這些詞彙可以在溝通、影響他人、設定目標和建立良好的人際關係方面發揮作用。請根據您的需要和具體情境選擇和運用這些詞彙，以更有效地達到您的目標。

第三章
五感六識寫作法

世上最好的寫作元素都在身、心、靈之內，本章為讀者講解「五感六識寫作法」(Emotional and sensuous Writing Skill)。

人人有座靈山塔，好向靈山塔下修

在NLP方法中，五感六識扮演著重要的角色，不論是說話、寫作、繪畫還是其他藝術創作，都強調五感六識的重要性。

五感(Five Senses) 是感官的感覺，需要刺激或觸發才能運作。視覺、聽覺、嗅覺、味覺和觸覺是我們透過五官接收外界不同的訊息。

六識(Six Senses) 則是透過五感將外界的訊息區分並直接進入我們的意識，讓我們知覺到這些訊息。六識包括眼識、耳識、鼻識、舌識、身識和意識。

我們通過感官的感受進而產生識知，而識知則直接進入我們的靈魂，形成潛意識，並由意識來展現出來。因此，NLP從「感」開始，運用有效且直接的方法啟動我們的五感，將所需的元素直接傳達到我們的六識中，融入潛意識之中，然後由識知呈現出來。

總結來說，NLP從「感」生成「識」，再到「潛意識」，最終由「意識」表現出來，

形成一個完美的「意識螺旋」(Spiral of Manas)。作爲NLP執行師或催眠師，可以在這個「意識螺旋」(Spiral of Manas)中進行整合、暗示、提議、消除、扭曲、重建、模式識別、心錨等技巧。我們可以透過說話、文字、文學作品、藝術創作等工具來實現NLP的功能。

五感寫作法例子

我們例出中、西方五感寫作大師的文章作參考：

英國浪漫主義詩人威廉·華茲華斯(The English poet William Wordsworth)創造了一個名爲「時光的印記」(Spot of Time)的概念，這些都是主要在戶外與大自然接觸的小而難忘的事件。

這意味著這些細微之處和事物中的原始感覺(Raw Feeling)在我們童年的回憶中，在潛意識中啟發了我們對自然、超自然、時空、宇宙和幻想之門，以及其中意識的想像和千變萬化的場景。

首先，讓我們想像一下，仔細觀察身體的感官，我們就能意識到這些感官所帶來的感覺，使我們充滿創意，擁有無限的創作力！當我們提及形式和影像時，意象直接從五感進入我們的意識領域，並激發出無窮無盡的創造力！

威廉認爲：意識境象是具有精神特質的，包含情感、感性、理性、熱情和浪漫的元素。很多時候，靈感就像宇宙大爆炸一樣在一瞬間閃耀。我們使用文學創作技巧，例如：比喻、隱喻、重複、對仗、對稱、押韻等，來呈現我們的意象世界。讓我們想像一下，當你第一次握住你愛的人的手時，那種感覺只是一瞬間，但如果我們能夠保留這種感覺並將其轉化爲文學創作，那將是一艘能夠直達心靈的奇妙之船。

我們的每一個詞語、每一句話、每一個舉動都是感官和意識的「愛情結晶品」，它們融合了理性、熱情、學識修養、內涵、意識和心靈下的創作。這正是NLP所需要的關鍵。

我們一起來欣賞一下 **威廉·華茲華斯及何其芳的作品**。

Wandered Lonely as a Cloud Launch Audio in a New Window
BY WILLIAM WORDSWORTH

I wandered lonely as a cloud
That floats on high o'er vales and hills,
When all at once I saw a crowd,
A host, of golden daffodils;
Beside the lake, beneath the trees,
Fluttering and dancing in the breeze.

Continuous as the stars that shine
And twinkle on the milky way,
They stretched in never-ending line
Along the margin of a bay：
Ten thousand saw I at a glance,
Tossing their heads in sprightly dance.

The waves beside them danced; but they
Out-did the sparkling waves in glee：
A poet could not but be gay,
In such a jocund company：
I gazed—and gazed—but little thought
What wealth the show to me had brought：

For oft, when on my couch I lie

In vacant or in pensive mood,

They flash upon that inward eye

Which is the bliss of solitude;

And then my heart with pleasure fills,

And dances with the daffodils.

威廉·華茲華斯的《我孤獨地漫遊，像一朵雲》

出版日期： 1807；文學時期： 浪漫主義時期；類型： 浪漫主義詩歌

我獨自漫遊，像山谷上空

悠然飄過的一朵雲霓，

驀然舉目，我望見一叢

金黃的水仙，繽紛茂密；

在湖水之濱，樹陰之下，

正隨風搖曳，舞姿瀟灑。

連綿密布，似繁星萬點

在銀河上下閃爍明滅，

這一片水仙，沿著湖灣

排成延續無盡的行列；

一眼便瞥見萬朵千株，

搖顫著花冠，輕盈飄舞。

湖面的漣漪也迎風起舞，

水仙的歡悅卻勝似漣漪；

有了這樣愉快的伴侶，

詩人怎能不心曠神怡！

我凝望多時，卻未曾想到

這美景給了我怎樣的珍寶。

從此，每當我倚榻而臥，

或情懷抑鬱，或心境茫然，

水仙呵，便在心目中閃爍——
那是我孤寂時分的樂園；
我的心靈便歡情洋溢，
和水仙一道舞蹈不息。
遐想同一片岸石，
籠罩著皚皚飄雪，
何等盛景！銀鐲如熾！

　　即使兩篇著作，一中一英，但同樣用了五感的手法。

《古城》　何其芳

有客從塞外歸來，
說長城像一大隊奔馬
正當舉頸怒號時變成石頭了。
（受了誰的魔法，誰的詛咒！）
蹄下的衰草年年抽新芽。
古代單于的靈魂已安睡在胡沙裏，
遠戍的白骨也沒有怨嗟……

但長城攔不住胡沙
和著塞外的大漠風
吹來這古城中，
吹湖水成冰，樹木搖落，
搖落浪遊人的心。

深夜踏過白石橋
去摸太液池邊的白石碑。
以後逢人便問人字柳

到底在那兒呢，無人理會。
悲這是故國遂欲走了，
又停留，想眼前有一座高樓，
在危闌上憑倚……
墜下地了
黃色的槐花，傷感的淚。
邯鄲逆旅的枕頭上
一個幽暗的短夢
使我嘗盡了一生的哀樂。
聽驚怯的夢的門戶遠閉，
留下長長的冷夜凝結在地殼上。
地殼早已僵死了，
僅存幾條微顫的動脈，
間或，遠遠的鐵軌的震動。

逃呵，逃到更荒涼的城中，
黃昏上廢圮的城堞遠望，
更加局促於這北方的天地。
說是平地裏一聲雷響，
泰山：纏上雲霧間的十八盤
也像是絕望的姿勢，絕望的叫喊。
（受了誰的詛咒，誰的魔法！）
望不見落日裏黃河的船帆，
望不見海上的三神山……
　悲世界如此狹小又逃回
這古城。風又吹湖冰成水。
長夏裏古柏樹下
又有人圍著桌子喝茶。

我們通過五感,聽覺、嗅覺、味覺、視覺和觸覺,建構了意識的結構。感覺和意識相互環扣,與我們的身體和靈魂相連。我們運用身體來感受和描繪意識的文學創作。無論是行走、停留、坐著還是躺下,都是一種寫作。

隱喻(Metaphor)

除了五感,我們也可以配合隱喻的手法講故事。何其芳在創作〈古城〉時,也用了大量的隱喻來創作,說明國人的愛理不理,以古諷今,其文字之牽引力流芳百世,正正就因為他不止用了五感,還用了大量的隱喻技巧。現代催眠之父艾瑞克森(Milton Erickson)曾分享他對個案的見解,他從不把問題當成問題,而有個案來找他,他就會表示:個案只是來分享屬於他們的故事,然後踏出這個門口改變故事的結局而已。不論催眠或者NLP都很著重講故事。隱喻能做到的效果非常多,就如馬可‧吐溫(Mark Twain)曾言:

「恰當地用字極具威力,每當我們用對了字眼……我們的精神和肉體都會有很大的轉變,就在電光石火之間。」

如果能好好使用隱喻,它就是人類最能結實纍纍的潛能之一,它是一個的創造力有如一個魔術師、一個裁縫師、一個廚師,總是能夠度身訂造。

以下,我想分享兩個故事,這兩個故事都是以隱喻的方式寫成,第一個故事〈重生〉目的在喚醒人關注自己的心理健康,這個故事曾獲文學獎的嘉許,由作者創作。第二個故事〈信〉,就是以隱喻的方式來說明人生有很多事也劫數難逃。

短文1：〈重生〉

如果那天，我沒有重設時間，世界會否不一樣，現在的「我」又生活如何？

我叫夢，大概一生都離不開夢。現在我是一個沒有朋友、親友的「中年隱蔽大叔」，自己一個生活。自那次超能力後，我就取得了前所未有的自由，我便過著退隱生活，喜歡到那裡就那裡。

這並不是科幻小說，而是我的親身經歷……

小時，我迷上了卡通裡寵物小精靈的「超夢夢」，因為它總有超能力。我有一本修練已久的「無字天書」。只要沒人的時候，它便有字，給我指示。我做了數次測試，亦相信自己有超能力。我總覺得自己是特別的，所以我每天總是打坐睡覺，用來提升我的「功力」。我試過有一天下課後，在班房睡著。那時班房沒有人。在睡前我默念：我醒後會變成小丑。結果我醒後，我全臉也充滿五顏六色，也挺像小丑；我也試過「瞬間轉移」能力，在夢境看著日曆渡過了一星期，醒來才不過一天。我很清楚那不是夢，而是「神遊」！我不會告訴別人！我不會告訴別人！就算我說了，他們也沒法體會。經我多番研究，直覺告訴我：「那是超能力！」我只是想：那一天我的超能力能昇華到擁有回到過去的能力？可是時機未到，無字天書還未給我一個答案……

「你才剛被踢出校，又在這裡發夢！你看你的房間！總是掛滿奇奇怪怪的甚麼宇宙符號？拜託你不要整天在家發夢可以嗎？嫁了你爸爸，你爸爸又早死，你又不生性，誰來養我？」說畢，媽媽用力關上房門。我笑了一笑，繼續上網，這句話我不知聽了多少遍。媽媽再次打開門，繼續罵。其實我也想她快樂，只是時機未到。媽媽根本不明白我，但我有預感回到過去的能力很快便來，因為我感應到。

反正世上有很多事也是不可思議，也不能解釋，也就算了！

別人不明白我不重要，最重要是自己明白自己。每當我失意，我都會到常去的後山，那裡根本沒有人，是我的桃花源。我一不快便不假思索跑到那裡去。在一棵樹下，我畫了一個宇宙結界，這個結界能夠穿越，而每一次的穿越都會消耗我很多能量。突然，我發現了無字天書出現了時光機三個字，我想這應是上天送給我的禮物。我閉上雙眼，感受箇中真意。在我腦海，一秒一秒快速倒轉，我看見了很多人和事，以及過去種種我想看到的畫面，我看到一直相信並支持我的同學。我想回到學校了！我心中默念，隨意挑選了一個日期，再張開雙眼，我相信結界已經把我帶到過去了……

我跑回家穿上了校服，打算再去上學。那時，我跑回學校，找一找那數位相熟的同學。全校就只有他們相信我有超能力，他們很好奇問我回來幹甚麼？我知道天機不可洩漏啊！但我忍不住告訴他們我發現了時光機。他們笑瘋了！我卻不怪他們，因為對他們來說，那可是未來啊！

我問他們：「難道你們不曾相信我的超能力嗎？你們不記得有一次，我在學校睡著了，我全臉塗上了顏色，那是我瞬間令顏料移動的能力！」

「我們不想再玩了，甚麼超能力？那次是我們做的！」他們謔笑，把聲線愈叫愈高。

「我因為珍惜與你們在校園相處的日子，所以我才著力地回到過去，為何你們卻變了？」說畢，我跑了，不想再上課了，我好像隱約聽到他們的笑聲。

當晚，媽媽見我穿校服回來，並沒有罵我，更當晚加菜。我很快樂，時間倒流真的很好玩！空氣也份外清新，充滿了快樂的氣味。大概只有媽媽信我，媽媽亦一如以往，不再罵我。只要我上學！只要我上學！但我真的不想上

學，因為我改變了歷史，回到過去，卻換來同學的不相信。

最後，我甚麼也沒說，也沒再回校，把自己鎖在房間裡。我知道：最好就是永遠留在過去的時間裡。媽媽又開始故態復萌地罵我。我要再回到過去！我總覺得以前的我比較快樂！我總覺得以前的我比較快樂！

我決定把時光機發揮到最極致。我打開無字天書，我決定了用這個方法：「只有高速移動，透過愈高的時間線，透過高速移動，躍下的一秒，在心中叫著暫停，便可重設時間，才可真正回到過去！」

這樣才可真真正正回到過去！這樣我的時光機再不會失效，這樣我便可以重新來過！我上了二十層的高樓，想也不想，跳下去了！在跳下去的一瞬，我曾這樣的一瞬想改變主意：我不是眷戀現在，只是如果我的影子留在這裡，它一定很可憐！可是已不能，我重設了所有時間。

我不是自殺！只是相信每一個人都應該有自己的方法重生……

其後，我真的回到了過去，我一個人生活，回到了很多地方，就這樣過了數十年，我很快樂、也很自由。我沒有再說出真相，更與那幾位相信我懂超能力的同學相處了很多年。每當日子過去，回到跳下去的一瞬，我又重設了所有時間，而時間在倒帶。所有事都如我所料，我也能夠真真正正回到過去。唯一不同的是，我會長大，我會長高。在這數十年，我常常發到一個夢：夢裡，我總見到一個蒼白的婦人在醫院裡走來走去，每天都等待兒子醒來。在夢裡，我總期待我會醒來！

有一件事令我十分困擾，我經常在想：如果我的影子沒有跟我回到過去，誰來救「我」？有時我會替「我」去想、有時我會落淚。我真不想那個「我」難過！

「媽媽!我永遠都走不出那個眞實的「我」了!」

如果那天,我沒有重設時間,世界會否不一樣?我不知與何人說,所以我只好把這個故事寫出來……

* 要表達欺凌、心理健康、幻想等這些概念,極其抽象,寫得不好,可能會變成「講經」或者「說明文」,讀來很悶。如果用一種超夢幻的手法表達,讀者可能更易接受。

短文2:〈信〉

一切都是劫數難逃?

爺爺是行船的,與家人關係並不好。我不知前朝恩怨,只知我彷彿是他眼裡唯一親人,唯一的兒子。

爺爺的世界觀異於他人,而我對事物的好奇,就是我們投緣的地方。我曾對他說:「如果我可以選擇,我也會去行船。」

他卻對我說:「每個人都是島的一部分,構成這個世界的部分。有些島有水、有些是荒島、有些四面環山……你是我另一部分,留在這裡,與家人好好相處。我會成爲另一個你,去世界每一個地方。」

有些事眞的可以由他人代爲完成嗎?

如果每人眞是一個島,島的整體便是世界,只是後來分裂成不同的島,慢慢變得不再聯繫。島與島之間的距離本聯繫你我,就好像爸爸與爺爺一樣,本來同源,只是後來分散了,變得不再親近。

由小到大，基本上我從沒見過爺爺，彷彿他沒存在過。我們都是以書信來往，信成了我們唯一證明彼此存在的信物。

我曾問過爺爺很多問題：「為甚麼你要行船？為甚麼你與家人的關係如此？為甚麼我們只可寫信聯繫？」

他只答：「劫數早注定。一切會安好！」

劫數原指人世間極漫長的時間，後指厄運、災難，以至大限。我並不明白！我只知道人來到世上都可能只是為了在有限的時間，完成自己的功課而活。

在這個年代，聯繫人與人之間不止有信，正因如此，信才顯得彌足珍貴。太平洋由東至西，最闊多達一萬五千五百公里，而香港卻僅闊三十六公里，可是這三十六公里已隔絕了不少人的來往。世界上每一個地方，都有爺爺的足跡，他的信是認識世界的最好方法。有時他會附上不同小島的照片、有時他會細說每個不同時區、不同人種的故事。

每一個人、每一個島都是一個故事……

我們的書信來往方式，只有我們明白。

「如果收到爺爺一封信，千萬別回信，如果收到爺爺兩封信，你才可回信。」

因為只有收到兩封信，我才知道他會停留在這個地方很久。而在第二封信的最後，爺爺都會寫上「一切安好」以作記認。

有一次，我收到兩封信，郵票來自不同地方。在第一封信，爺爺寫上：「一切安好！還記得我們都是一個島嗎？好好留在這裡，繼續走回我未完成的路！」在第二封信，有一張日落照片，只寫著：「一切安好！」我寄了信，但自此過了很久、很久，我再沒收到信。

我問了自己很多問題：「爺爺寄的是一封信，還是兩封信？爺爺有收到我的信？信會否遺失了？島與島真的聯繫你我？可有消失之日？」最後我決定去找他。

我認得信上的郵票是馬爾代夫！

二零零五年南亞海嘯，許多小島被水淹沒。全球溫室效應，印度洋水位上升，馬爾代夫的水位線平均每年上升一吋，或者在五十年後就會消失於印度洋。原來馬爾代夫也差不多沉沒，還有大大小小不知名的島、有歷史、沒歷史記載的島，都會成歷史名詞，沒入黑暗中。但有些東西確實存在過嗎？

人要信！我總相信爺爺會在某個地方回信！

我跟著照片日落的地方，來到馬爾代夫不知名小島的沙灘上。風吹來，把我手中的信吹走。沙灘上冒出數個異國頑皮小孩，只見小孩拾起紙張，他們在沙上歪歪斜斜把一與切字連成劫字，安及好都寫得像數及子字。

「劫數，子？」答案？

---

* 把「一」、「切」字聯想成劫數及子都是作者自身的聯想，在他人所理解的意義當中，而文意好像也不完整，這正用了NLP刪減、扭曲的技巧。同樣，劫數難逃、命運這些概念也很難去表達，如果用一種故事或隱喻的手法寫成，讀起來可能更容易入口。

這兩個短篇，寫來只有最多二千字，但讀者都反映可影響他們無限的聯想，每個人都有不同的體會。我想隱喻往往是最有力量的文字，你在文字當中可以感覺到政治、文化、心理、人生、哲學以至任何的主題。你想到甚麼便是甚麼。

有意義與無意義（Sense and Nonsense）

有意義和無意義，「意義」本身就是一個主觀的判斷，一件事、一個人或一個東西在不同人眼中有不同的意義。「意義」本身就是「見仁見智」的產物。

「無意義」其實是指無法理解、沒有明確主題或完全缺乏邊界。然而，「無意義」仍然是一個主觀的判斷。

區分「意義」和「無意義」是徒勞的。相反，我們應該在語句、語言或文字中找出主題、關鍵信息以及修飾詞或雜訊的差異。找出主題和關鍵，區分修飾詞和雜訊，才是NLP的功效所在。

詳細分析五感六識寫作法

經過一天忙碌的工作，回家路上看見，寂靜懶洋洋而帶點迷戀的黃昏，我輕輕地走過大街上，看見人群在人海中浮浮沉沉，偶然聽到行人交談的聲音，偶然聽到車行的聲音，偶然也會聽到小鳥在樹上唱歌的聲音，吱吱吱吱地叫。一陣清風吹過，使我感覺繁囂的城市中的一點清流，我停下腳步，細看着黃金色的雲彩，我迷戀住夕陽的金黃色，過了一會我帶着依依不捨的心情，帶着疲累的身體，用着拖行的步伐，慢慢地回到家中。

在文中有很多修飾詞，有描述感覺的詞彙，也有浪漫主義的情感，但主題及關鍵是「放工回家了」，其他是修飾及情感的表達，我們懂得運用NLP中的語言分析，我們從作者得到的資源：

工作後回家了(主題)／作者是一個很努力的人
工作很忙／工作使其感到疲憊、身心俱疲
喜歡寂靜／不太愛煩囂的城市、熱愛大自然
人生不自主／他是一個浪漫的人
工作使其不太願意回家／有歸田園居的想法

經過一天忙碌的工作(時敍)
　回家路上看見(視覺用詞)
　寂靜懶洋洋(體感用詞)
而帶點迷戀的黃昏(情感用詞)
我輕輕地走過大街上(體感用詞)
看見(視覺用詞)
人群在人海中浮浮沉沉(感覺用詞浪漫用詞)
偶然聽到行人交談的聲音(聽覺用詞)
偶然聽到車行的聲音(聽覺用詞)，
偶然也會聽到小鳥在樹上唱歌的聲音(聽覺用詞)，
吱吱吱吱地叫。(聽覺用詞及形聲字)
一陣清風吹過(體感用詞)
使我感覺(體感用詞)
繁囂的城市中的一點清流(感覺用詞)
我停下腳步(體感用詞)
細看着黃金色的雲彩(視覺用詞)
我迷戀住(感覺用詞)
夕陽的金黃色(視覺用詞)
過了一會(時間用詞)
我帶着依依不捨的心情(感覺用詞)

帶着疲累的身體（感覺用詞）

用着拖行的步伐（體感用詞）

慢慢地（體感用詞）

回到家中（客觀敘述）

　　NLP的五感六識的分析法，我們可透徹了解作者的心靈，直達其心靈深處，打開潛意識後作深切關懷的溝通，從而達到共鳴的效用。

假如你看了這篇文章，你會如何和作者溝通？

NLP導向式語言溝通法

「你好！我相信你近來工作一定很忙。」

「但無論怎樣忙個不停都好，一定要好好愛自己，給自己一個休息的機會。」

「我們要知道，休息不是偷懶，而是希望可以走得更遠。」

「我們活總找到一點點的平靜，例如小鳥的歌，夕陽的美景。」

「活在急速有繁囂的城市中，在人潮裏跌蕩，也許未必能隨心所欲，但我們能找到休息的地方，就可以回復過來走得更遠。」

「可能回家的路很漫長，但回到家中就是一個世上最好休養生息嘅地方。」

「我們欣賞我們的家，我們愛我們的家，我們可以好好享受在家中的一點一滴，休息過來就得使遠。」

「來！我們來給自己休息的機會。」

「你是做得到的我對你好有信心。」

「假如你是我。」、「假如我是你。」……

分析五感和六識寫作法文章

大家也試試來分析一下以下五感和六識寫作法文章：

清晨的森林之旅

清晨的太陽剛剛露出微弱的光芒，柔和的陽光透過樹葉的縫隙灑在大地上，為一場美妙的森林之旅揭開序幕。

我踏上軟綿綿的泥土，觸感溫暖而濕潤，彷彿每一步都與大自然相連。我深吸一口新鮮的空氣，充滿了樹木和花草的清香，微風撫過臉龐，帶來陣陣花香和草地的氣息。

我仰望蔚藍的天空，白雲如棉花糖般飄浮其中，我不禁聆聽微風吹過樹葉的聲音，細膩的沙沙聲伴隨著我前進的每一步。林間鳥鳴此起彼落，歡快的鳥聲充滿了整個森林，為這個寧靜的環境增添了生命的節奏。

我眺望遠方的湖泊，湖水如鏡面般平靜，清澈的水面映著湖畔的花朵和樹影，我想像著自己躺在草地上，仰望著星空的美麗。我的想像帶領著我的心靈漫遊，我沉浸在這一切美好的感受中。

我靜下心來，內觀著自己的思緒和情感，這段旅程讓我得以放鬆身心，感受大自然的恩賜。我意識到自己與這片森林相互依存，每一次呼吸、每一步踏出，都與大自然交織在一起。

這次清晨的森林之旅給予了我內在的寧靜與平靜，我深深感謝五感和六識帶給我的豐富體驗。這段旅程成為了我生命中珍貴的一刻，讓我更加珍惜大自然的美麗，並明白自己與自然的連結。

在這個森林之旅的過程中，我不僅僅是一個旅人，而是與大自然共同編織著這段故事。五感和六識為我的感官世界增添了色彩和深度，讓我能夠更全面地感受和體驗這個美麗的世界。

讓我們時刻保持對五感和六識的敏感，讓我們以真摯的心靈去感受世界的美麗，並與大自然建立更深厚的連結。

當你掌握以上技巧，你就可以借題發揮，托物寄意，隨心而寫，隨意創作，意象無限。這次你能分析以下文章用了那些方法嗎？NLP的其中一個重點在於卓越模仿(modeling)，舊酒新瓶，你也會發現很多不同的文章有著相似的格式，但內容也可以完全不同。

短文1：馬鞍山海旁的夜

　　從馬鞍山鐵路下車北行五分鐘，穿過商場，便到海旁。海旁可行數小時，貫通烏溪沙、馬鞍山、沙田、吐露港、大埔、大尾篤，沿途景致一覽無遺，我卻獨愛遠眺吐露港。

　　即使夜深，依舊不乏行人。我站在圍欄處，置身於我所認為的海旁中央，獨自欣賞夜景。那裡絕對是美的所在！海水隨熱風搖擺，歡迎我的到來；間或，有一兩隻白鷺站在防波堤上與我對望，共享夜色，到處也是情。

　　很多人認為只有在郊外才可賞月，其實這裡絕對是繁華鬧市下的一片樂土。置身在城市中的人亦未必有閒情賞月，其實每天只需十五分鐘，不低頭望手機，抬頭望天，遠望天際，便可賞月。夜景如畫，不會令人失望。四處遼望，城市之景、山景確是一覽無遺。如果你坐在船上沿吐露港大尾篤方向緩緩前進，遠處都是不高的建築物，可見寬闊的海岸線，而顯得天空更為遼闊。隨處遠眺，你會乍見慈山寺的觀音像高聳接天，像是觸天，如置雲中，扶搖直上九萬里。從日與夜觀賞這個地方都各不同，如果日光斜照著慈山寺，觀音像的光芒更鋒芒，愈見愈光，非他物之可比；如果晚上觀之，則如守護神，默默守護這大地。

　　站在圍欄處冥想，一幕一幕的想像盡入眼簾。望著海水，江濤不曾為誰惜，水躍起又剎那化成泡沫，所有事一瞬即逝，拒絕永久。在一片漆黑卻深邃的海水裡，我沉思著沙田的來源。據說沙田原稱瀝源，瀝源便指城門河清

澈的河水。在明朝或更早以前，便已有人定居於此。如果這裡沒有住宅，海岸線再寬闊一點，沒有人爲破壞、沒有填海、沒有工程，這裡會否成爲原始亞熱帶的世外桃源？我不禁開始想像：多少年前，一定是有一群人讀過了陶淵明的《桃花源記》，厭倦了戰爭，尋找世外桃源，他們風塵僕僕，然後發現了這裡人傑地靈，有適合的田地，有漂亮的沙灘與海岸線，便在這裡開始了耕種，開枝散葉，同時也開展了人類的歷史，幾千年來，成了今天的沙田。

這個沙田、這個夜景、這個海旁、這個晚上，讓我想起了無數的故事。

一隻白鷺虎視眈眈，掠過水面，大口咬著跳上水面的魚兒，魚兒沒法逃避，只好默默接受命運，接受這自然間的定律。世界變化太快，在水中的倒影，我彷彿看見英政民地對開發新市鎮的渴求，自是這裡不再寂寞。往海旁的右方繼續觀看，海上就如一條時間軸，帶我走到不同的地方。海水時而暴漲，向岸邊推進。五十年代初，中國難民從內地湧進香港，當中不乏兒童，所以烏溪沙建立了兒童新村，時代的巨輪不斷推進，成了今天烏溪沙青年新村。白鷺繼續咬著口中的獵物，人類的野心並未饜足，新城市廣場、馬鞍山廣場、各式各樣的酒店、中文大學、科學園沿著海岸線在這個浩大的歷史上，矮小地建立。

這裡是城市與大自然的結合，這裡不再只有沙與田，有熱鬧的人群、還有美麗的河、都市下的繁忙、世界的學府、頂尖卓越的科技‥‥我慶幸這個海旁未被破壞，只是人類進化得太快，遺忘了這個海旁，不能發現其實沙田也有很多美好的故事。這個沙田、這個海，孕育了多少人才？

這黑夜，我望著這個人傑地靈的海旁，想起很多這裡的歷史往事。做了一個奇怪的夢，夢見從一片沙中有一個觀音像幻化爲一隻鳳凰展翅高飛，飛向更高的地方，守護著整遍大地……

其實NLP也是一種修辭手法，在作文時、在留意人間事物時、在對談時也可以靈活運用，以下是一篇對南區的聯想，當中就是用了NLP的手法寫成。

下一篇，卽使用口語，效果亦一樣……

短文2：再來一次半島遊

日光之下並無新事，對於好多人嚟講，南區可能嚟一個與世無爭嘅地方。對於我嚟講，佢喺一個充滿回憶，一個陪住我由青少年成長到大人嘅地方……

曾幾何時，我以爲南區係一個島嚟，直至我讀大學嘅時候，我先知南區吾止係一個島、一片樹林、一個洲、一個海灣，佢仲係一個遙不可及但又好易去到嘅地方。十八歲之前，我未去過南區，直至第一次原本由一隻新界牛，慢慢踏足薄扶林，我開始慢慢認識同愛上呢一個地方。喺呢一片茂密嘅樹林下，我睇到香港獨有嘅一面。

南區比我嘅印象，四周圍都喺包住海，好似話香港開埠以前，已經有好多水上人居住，佢亦都係香港四區入面範圍覆蓋最廣嘅一個區，富豪同窮人一齊並存，你可以見到香港最繁華嘅一面，亦都可以見到香港孤獨嘅一面，由赤柱到貝沙灣、華富村、香港仔、鴨脷洲到海怡半島，無一度唔係海、無一度唔係充滿歷史、又無一度唔係富貴與窮人共存。

南區對我嚟講，就好似天與地咁。記得當時大學畢業最後一日，我唔知我呢隻新界牛，幾時會再有機會嚟呢一個地方。我選擇咗用一個我懷念南區嘅方法，計劃左一條路線，自作多情咁用我嘅方法去了解南區。我由薄扶林，行到海怡半島，足足行左我兩個幾鐘。兜兜轉轉，今日竟然要再喺南區返份通宵工。

我選擇左喺香港大學站落車，向北行前面會有條傘斜路一直上。沿路會有好多車經過呢條山路，好多人會坐車由薄扶林去海怡半島，但對我嚟講，今日再重遊舊地，時間尚早，太陽未落山，不妨慢慢由香港大學站北行上去，穿過豪宅寶翠園再行薄扶林道，一路一路咁慢慢行，會有條路通到香港仔，再搭一程好短嘅船，就會到海怡半島。

南區有好多路都好值得行，赤柱、摩星嶺，無一度唔係充滿歷史，但我就獨愛呢一段路，呢一段夾雜住車路、山路、人路同海旁，一覽無遺，你可以睇到無論你點走，香港都好似係一個漁港。

慢慢我行到去瑪麗醫院，途經醫學院，再沿路落去數碼港公園，置身喺我所認為嘅中央，獨自咁欣賞日落。呢度絕對喺美的所在！海水會隨熱風咁搖擺，好似幾年前一樣歡迎我嚟；間中，有一兩隻鷹企喺防波堤同我對望，共享日落，到處都係情。

不經不覺，睇睇吓都六點幾，行到去貝沙灣，諗起曾幾何時好天真咁同女朋友講畢咗業一定會努力賺錢買貝沙灣，到而家真係得啖笑。

生活總喺陰差陽差，就好似畢業之後我去左做銀行保安系統，點知而家炒人，原來呢個世界有好多野都唔係你睇得咁美好，所以我最後要由新界撈到去南區轉做保安，用另一啲方式去維護呢啲世界嘅秩序。有時命運之錘，沉重落下，都不能夠選擇。畢業嘅時候，我都好似好多香港人咁想買貝沙灣，但夜幕低垂，其實貝沙灣同華富村都一樣，望住個海都只係可能睇到一團黑色。

南區，有香港最貴嘅豪宅，亦有五十幾年歷史嘅「平民豪宅」華富村，有時富貴只在一線之差。唔知幾時開始，香港嘅樓價升咗十幾年，一直都無跌

過，只有不斷升，好似坐火箭咁，由薄扶林、貝沙灣到赤柱，無一度唔係用幾世嘅時間同金錢先買到。香港人嘅快樂都喺好似喺紙紮嘅快樂，好似有樓就等於有咗一切咁，但無諗過呢一張紙濕咗少少水就會穿一樣，樓市隨時會爆，諗返起都覺得好笑。

不經不覺，慢慢行到瀑布灣，企喺呢度冥想，一幕一幕想像嘅想像都通通浮現。百幾二百年前，可能有一班英國人，覺得呢度人傑地靈，望住呢條瀑布，喺度取水、避風，過嚟經商，之後叫呢度香江。之後，佢地發現呢個地方越嚟越靚，慢慢就佔領咗香港，填咗呢一個大陸唔要嘅漁港，再慢慢咁喺度發展呢一個寶玉，建樓再建樓，到日治時期，破壞再發展，人類嘅歷史好似不斷交織發展，最後有咗今日嘅南區。我喺度諗，如果當年瀑布灣呢個地方無俾人發現，香港不成為殖民地，而家嘅南區會唔會喺一個與世無爭嘅島呢？咩貝沙灣、赤柱可能都只喺一個漁港。

望著海水，江濤不曾為誰惜，水躍起又剎那化成泡沫，所有事一瞬即逝，拒絕永久。呢度喺城市同大自然嘅結合，呢度喺唔止有城市，仲有世界的學府、頂尖卓越嘅科技港、歷史遺忘嘅建築、仲有原先嘅漁民後代、原有嘅漁民產物⋯⋯我慶幸呢一個海旁未被破壞，仲有好多漁船，只係人類進化得太快，遺忘咗呢一個南區海旁，未發現其實南區仲有好多前朝孼臣或者黃金漁港嘅發展故事。呢個南區、呢個漁港，孕育咗幾多人才，發生咗幾多事？

不經不覺，我行到石排灣，行到香港仔海傍邊，望著唔同嘅漁船，昔日繁華嘅珍寶海鮮，今日都消失不見。慢慢，我去咗香港仔碼頭，坐咗上船，我好鍾意呢條只有四分鐘嘅船程，夠快而直接，就好似坐著時光機穿越去另一個島一樣，慢慢上咗岸，去到悅海華庭旁邊嘅碼頭，行到海怡半島，呢度對我嚟講，就好似南區嘅終結。我見到一隻鷹掠過水面，好大口咁咬住跳上嚟嘅魚，魚無力反抗，只好接受命運，接受呢個自然間嘅定律。世界變化得太快，在水中嘅倒影，我好似見到英政府點樣建立一個英式香港，南區唔再

喺一個漁港，唔再寂寞。海上就好似一條時間軸，帶我去唔同嘅地方。赤柱以前無華人居住、山頂只有社會精英、香港大學只講英文……鷹繼續咬住口中嘅獵物，人類的野心並無饜足，華富村、貝沙灣、海怡半島、各式各樣的酒店，數碼港沿住海岸線喺呢個浩大的歷史上，矮小咁建立。

　　跌跌蕩蕩，雖然我住唔起貝沙灣，但喺若然你喜歡南區，我會喺薄扶林等你，行到海怡半島，去參透一生人嘅高高低低，可惜無論我點行、點努力都好，過咗咁多年，我都仲喺走唔出華富村，喺華富村迷路，或者過住公屋富豪嘅生活，心中富有就夠。

　　畢咗業之後，估唔到今日有機會比我返嚟，呢個事實仲可以畀我再有機會嚟一次半島遊，順便返工。畢咗業十二年，經歷金融海嘯、一無所有，到社會運動，疫症，有咩風浪仲未見過？再遊南區，希望有一日可以再一次創造另一個漁港，另一個一躍成為國際城市嘅奇跡。

　　意至所至，所以我只可以用我僅有嘅筆墨去懷念呢一個屬於我自己嘅南區……

《馬鞍山海旁的夜》與《再來一次半島遊》用的敘事形式結構其實相若，卻可寫出不同故事。所以善用NLP五感和六識寫作，你也可書寫無限篇文章。

第四章
次感元(Sub modality Distinctions)

次感元是感元衍生出來的物件及其細緻特性的表述，我們可理解感元是物件導向概念的類別（Class）而次感元是混合物件(object)和特性(Character)的東西。

"Submodality distinctions"(區別子模式/次感元)是一個心理學術語，指的是我們對感官經驗的微小變化或調整的察覺能力。這些微小變化可以影響我們對感官經驗的感受和意義。在NLP中，子模式通常用於描述和調整語言和想像的感官經驗，我們可以改變我們對想像的感官體驗，進而影響我們的情緒和行爲反應。

子模式/次感元是指在五種感官(視覺、聽覺、身體感覺、嗅覺和味覺)中更細微的區別，這些區別決定了我們如何體驗和記憶信息。區別子模式/次感元指的是這些感官體驗的具體特徵和特性。

例如，在視覺模式中，子模式包括亮度、顏色、大小、位置和運動。在聽覺模式中，子模式包括音量、音調、音高、速度和節奏。在身體感覺模式中，子模式包括壓力、溫度、紋理、重量和震動。

通過關注子模式/次感元，我們可以更好地了解我們的大腦如何處理和儲存信息。區別子模式/次感元也可以應用於各種形式的治療，例如神經語言程式學，通過改變與信念和行爲相關聯的子模式/次感元來幫助個人改變其信念和行爲。

因此，掌握次感元的調整方法是一個有用的技能，可以幫助我們更好地管理自己的情緒和行為反應，並改善我們的生活質量。

應用次感元

神經語言程式學中，次感元被廣泛應用於調整和改變語言和想像的感官經驗，以影響情緒和行為反應。以下是一些NLP應用次感元的方式：

1. 調整視覺次感元：在NLP中，我們使用視覺次感元調整和改變視覺圖像的特徵，如亮度、對比度、顏色、大小、位置和運動。透過調整這些次感元，我們能夠改變對視覺圖像的感受和意義，進而影響情緒和行為。
2. 調整聽覺次感元：在聽覺模式中，NLP運用聽覺次感元調整音量、音調、音高、速度和節奏等特徵。通過調整這些次感元，我們能夠改變對聽覺體驗的感受，進而影響情緒和行為反應。
3. 調整身體感覺次感元：在身體感覺模式中，NLP使用身體感覺次感元調整壓力、溫度、紋理、重量和震動等特徵。透過調整這些次感元，我們能夠改變對身體感覺的體驗，進而影響情緒和行為反應。
4. 調整嗅覺和味覺次感元：儘管在NLP中嗅覺和味覺次感元較少被討論和應用，但我們仍可以透過調整嗅覺和味覺的次感元來改變對氣味和味道的感受和意義。

透過應用次感元，我們能夠微調感官經驗，進而影響情緒和行為反應。這些調整有助於我們更好地管理情緒，改變負面信念和行為模式，並提升個人生活質量。神經語言程式學是一種心理學和溝通技巧，旨在幫助個人發展自我意識和溝通能力，進而改善其行為和表現。次感元是NLP中重要的概念，用於描述和調整感官體驗的微小變化。我們能夠透過調整次感元來改變視覺、聽覺和身體感覺等方面的經驗，從而影響我們的情緒和行為反應，提升生活質量。

應用次感元例子

視覺是感元：類別（Class）。顏色是次感元：物件（object）。特性：白、黑、紅、七彩、遠近、光暗、光白、灰白、大小、在甚麼東西上的白、喜好⋯⋯

我們可以想像次感元的細緻程度，並產生疑問以達成我們想要的效果。我們可以運用次感元來解構和重塑我們的感受，從而改變我們的潛意識結構。

舉例來說：

當你身邊有一個你很討厭的人大聲談論，你卻無法離開，該如何應對呢？我們可以有效地運用次感元來幫助自己。你看到他的樣子是怎樣的？聲音有多大？你和他的距離有多遠？在甚麼地方？

我們可以想像一下，給他戴上口罩，無法清楚看到他討厭的表情；聲音立刻變得更輕微。再想像一下自己戴上耳機，聲音又減低了。再想像一下在他的額頭上有一個可以調節音量大小的按鈕，將它的聲音調到最低。再想像一下，你將他移到最遠的位置，你看不見他，也聽不到他。

透過改變次感元的方式，我們可以重新塑造情感和潛意識結構，讓自己變得輕鬆和快樂。

日常練習

更多日常例子：

1. 改善視覺體驗：當你感到壓力和緊張時，你可以透過調整視覺次感元來調節自己的情緒。例如，你可以想像一個美麗的風景，調整圖像的亮度、色調和焦距，讓自己感受到更加平靜和放鬆的感覺。

2. 改變身體感覺：當你感到緊張或焦慮時，你可以透過調整身體感覺的次感元來幫助自己放鬆。例如，你可以關注你的呼吸方式、肌肉張力或溫度感覺，然後透過調整這些次感元來讓自己感到更加平靜和輕鬆。

3. 改變聽覺體驗：當你感到疲憊或壓力時，你可以透過調整聽覺體驗的次感元

來調節自己的情緒。例如,你可以聆聽某些舒緩的聲音,例如自然音樂或水聲,然後通過調整音量、音調或節奏等次感元,讓自己感受到更加寧靜和舒適的感覺。

4. 改變味覺體驗:當你感到緊張或憂慮時,你可以透過改變味覺體驗的次感元來幫助自己放鬆和舒適。例如,你可以品嚐一些舒緩的食物或飲料,例如熱茶或巧克力,然後透過調整味覺的次感元來讓自己感到更加平靜和放鬆。

　　應用次感元是一種有用的技巧,可以幫助我們調節自己的情緒和行為反應,進而改善我們的生活質量。這些日常例子可以引導我們在不同情境下運用次感元,調整和改變我們的感官體驗,從而促進情緒的平靜和身心的舒適。記住,次感元是一個靈活的工具,可以根據個人需求和環境進行調整和應用,以實現更好的情緒管理和自我調整。

人際關係中的次感元(Submodalities)

　　在人際關係中,次感元(Submodalities)是NLP中的一個重要概念,用於描述和調整我們對感覺和感受的細微特徵。以下是應用次感元在人際關係上的幾個例子:

1. 改變情緒體驗:通過調整次感元,你可以改變自己和他人的情緒體驗。例如,如果你想增強自己的自信心,你可以想像一個具有強烈自信的形象,並將其與一個較弱的自信形象進行比較,注意兩者之間的次感元差異。然後,你可以調整較弱形象的次感元,例如將它變得更大、更亮或更具體,以增強自信的感覺。

2. 建立情感聯繫:通過觀察他人的次感元,你可以更好地理解他們的情感狀態,並建立更深的情感聯繫。例如,如果你注意到某人對於某個主題的次感元是明亮、活躍和豐富的,你可以使用相似的次感元來表達你對該主題的興趣和共鳴,從而建立起情感共鳴和連結。

3. 解決衝突和調解：通過調整次感元，你可以幫助解決人際關係中的衝突並進行調解。例如，如果兩個人在爭論時感受到的次感元是敵對、緊張和尖銳的，你可以引導他們調整次感元，例如讓他們想像一個和諧、平靜和合作的場景，以改變彼此之間的情緒狀態，從而促進溝通和解決衝突。

4. 建立共鳴和理解：通過觀察他人的次感元，你可以更好地理解他們的感受和需求，並建立共鳴。例如，如果你注意到某人在談論某個主題時感受到的次感元是柔和、溫暖和舒適的，你可以使用相似的次感元來回應他們，傳達你的理解和共鳴，從而建立起情感連結。

這些只是應用次感元在人際關係中的一些例子，通過觀察和調整次感元，你可以增強情緒體驗、建立情感聯繫、解決衝突和建立共鳴。這些技巧有助於改善人際關係，提升溝通效果和情感連結，從而建立更良好的關係。

此外，與人對話時，很多時候我們也不知道該如何擴大討論的區域，如遇到這類的情況，你也可以考慮以下框架：

次感元提問方式

	次感元	問題
視覺 (Visual)	彩色/黑白	● 它是彩色的還是黑白的？ ● 它的範圍全部充滿顏色嗎？ ● 顏色是鮮豔的還是黑白色的？
	亮度	● 在這種情況下，它比正常情況更亮還是更暗？
	重點	● 圖像焦點是清晰還是模糊？
	質感	● 有前題和背景的細節嗎？
	細節	● 有前題和背景的細節嗎？ ● 您是否將細節視為整體的一部分，還是必須轉移不同部分才可看見整體？

	尺寸	●圖片有多大?(要求具體尺寸)
	距離	●圖片有多遠?(具體距離)
	地點	●圖像在空間中的甚麼位置? ●你可以用雙手向我展示您看到圖像的位置。
	移動	●有電影的動感還是靜態圖片? ●動作有多快:比正常快還是慢?
	連結/解離	●你看到的是第一身還是第三身角度?
	看法	●你從甚麼角度看待它? ●如果分離,你是從右還是從左、從後或從前看自己?
	方面	●它是平面的還是三維的? ●圖片是否環繞你嗎?
聽覺 (Auditory)	位置	●你是從裡面聽到的還是從外面聽到的? ●聲音(音量)從何而來?
	聲調	●是高音還是低音? ●音域是高於還是低於正常水平?
	單聲道/ 立體聲	●你是在一邊、兩邊聽到它,還是聲音在你周圍?
觸覺 (Kines- thetic)	強度	●感覺有多強烈?
	質量/強度	●你會如何描述身體的感覺:刺痛、溫暖、寒冷、放鬆、緊張、打結,還是擴散?
	位置	●你在身體的甚麼地方感覺到它?

每一個人都有自己的感官系統，人們都以他們來溝通，這些感官都是我們的傳播者(communicator)。這些感官系統包括：Visual(視覺)、Auditory(聽覺)以至Kinesthetic(觸覺)。當我們溝通時，我們都有屬於我們的處理器(processor)來傳播文字。理論上，溝通是有策略的，一般分為六大種：

V-A-K	視覺-聽覺-觸覺
V-K-A	視覺-觸覺-聽覺
K-V-A	觸覺-視覺-聽覺
K-A-V	觸覺-聽覺-視覺
A-V-K	聽覺-視覺-觸覺
A-K-V	聽覺-觸覺-視覺

人絕對可以像拳手一樣，建立屬於自己的專屬節奏及風格。這些溝通策略可通過學習而得，習者只需要將他們拆件(unpack)，並學習其中一招一式。舉例來說：你可以問一問別人，他們何時會經歷快樂，而且向他們詢問兩次，並且聆聽他們的關鍵字，他們的處理器(processor)會告訴你他們是怎麼覺察、感覺以至認知世界。當你可以聽出他們的關鍵字，你便可以得知他們是屬於那一類型的人。當你可以掌握一個人的溝通模式，你便可以與他們建立良好的關係(rapport)。要達至更好的溝通，你也可以回放(playback)他們的溝通策略。

回放(playback)包含了以現實模式與其他人進行溝通或交流。你可以使用相同的模式與他人作溝通，例如：別人使用V-A-K時，你亦可使用這個方式與他們溝通。當你可以掌握一個人的溝通模式時，你亦可以或用與相近的模式作適當的溝通，這樣便可以增加與他們的親和感及建立良好的關係(rapport)，而你亦發現與他們溝通原來是一件很容易的事。當你可以做到有效的溝通，你會發現身邊越來越多人會喜歡與你交談，因為你的交談能令他們變得舒服。

第五章
NLP& RAS 理論

RAS 網狀激活系統（Reticular Activating System，簡稱 RAS）是意識的中樞。如果我們無法掌控自己的意識，別人就有可能控制我們的意識。在日常生活中，我們的行為、居住、坐立、躺臥、進食、睡眠和清醒等都受到意識的支配。思考、想法、意見以及專注力也都無法脫離意識的影響，而RAS則是掌控意識的關鍵。

專注力是意識的重要組成部分。失去專注力就無法進入「心流」（Flow）*狀態，而「心流」被認為是幸福的源泉。如果RAS無法發揮作用，專注力就會丟失，失去專注力無法進入「心流」，而這會使人失去幸福感。

RAS能夠過濾環境中的雜訊，防止外界過多的訊息干擾我們的思緒，避免訊息過載（information overload）。你也可以控制哪些訊息進入你的意識或潛意識中，有計劃地改變和轉化你的記憶、經驗、人生觀和人格。RAS讓我們能夠專注於我們想要專注的事物上，專注力可以讓意識集中在一點上，從而在行動和思考中保持一致。將意識聚焦到極點，集中在世界上最小且最尖銳的一點上，將真實、想像、異像「重組」、「轉化」和「合一」，當達到「合一」時，你就能進入「心流」，這也可理解為幸福。這與佛教唯識思想中的「一境性」境界有相似之處。

NLP可以強化訓練你的RAS。NLP利用五感體驗、文字和巧妙運用語言來轉化、刪除、改變和重塑人、事物：

視覺化 - Visualizing

聽覺化 - Audiolizing

味覺化 - Gustatorizing

臭覺化 - Olfactorizing

感覺化 – Sensing

在心流中，個體對活動感到非常投入，感覺到一種全然的集中和流暢度，產生愉悅和充實感。人們在心流中往往忘記自我意識，只專注於當前的任務，並且能夠在挑戰與能力之間找到一個適當的平衡點。

心流狀態通常在以下情境中出現：高度專注的創造性活動、體育競技、音樂演奏、寫作、藝術創作等等。在這些活動中，個體面臨著具有挑戰性的任務，但同時具備足夠的技能和能力應對，從而使他們能夠進入心流狀態。

所以如果能在NLP用RAS更容易有效地發揮作用，掌控我們的意識，使我們活得更精彩更有自主性。

心流對於個體的幸福感和成就感至關重要，因為它提供了一種豐富的、有目的性的體驗。透過追求心流狀態，個體可以享受到高度投入、充實和快樂的經歷。

值得一提的是，要達到心流狀態，需要在挑戰與能力之間達到一個平衡。如果挑戰過於困難，個體可能感到壓力和焦慮；如果挑戰過於簡單，個體可能感到無聊和厭倦。因此，找到一個適當的挑戰程度對於進入心流狀態至關重要。

*「心流」(Flow)是一種心理狀態，當人們全神貫注地投入一項活動時所產生的狀態。它由心理學家米哈里·契克森米哈伊(Mihaly Csikszentmihalyi)於20世紀70年代提出。心流的特點是在這種狀態下，人們感到完全沉浸在當前的活動中，對時間的感知減弱，並在挑戰與能力之間達到一種平衡。

心流狀態是一種令人愉悅且有益的體驗，它有助於提高效能、增強學習能力，並對個人的成長和心理健康產生積極的影響。

網狀激活系統（Reticular Activating System）

網狀激活系統（Reticular Activating System，簡稱RAS）的功能是多種多樣的。網狀激活系統包括：睡眠、行走、性行爲、進食和消化。RAS的重要功能還包括對意識的控制。RAS可令意識集中在事物上，如過濾一些聲音，減輕重覆性的刺激，從而防止感官超載（overloaded）。

你可以想像如果你想擁有新的車輛，但你未想過想要那一種車，所以你四圍尋找，最後找到想要的車，而你發現四周也是你想要的款式及種類。你以前從沒有注視過，但你聚焦地去尋找一件東西，當你找到了，你會發現四處也是，而你再也不會找不到。

想像一下四周也是數百種車輪聲音，但你可以輕易而舉找到你想要的車，你會發現其實雜音並不是很多。您可以看到，聽到甚至感覺到其他的噪音，但是我們當中很少有人願意去聆聽每種聲音。空調的聲音、以視線來注視來往的車輛甚至衣服的感覺。你買過的新鞋，最後因新鞋太新而擦傷了腳，但是隨後你因爲專注於其他的事，而忘記了痛苦；在比賽中受傷的運動員，直到比賽結束才會感覺到痛楚的感覺、RAS是大腦內部的自動機制，當你全神貫注專注在一些事情上，它會使你的集中力專注相關信息及把你帶到你的注意力中。網狀激活系統是人意識和潛意識之間的過濾器。它可以從意識的思想中獲取指引，並將其傳播到潛意識。

RAS是實現目標的重要工具。其實每一個人也可以自行選擇將有意識地向大腦發放信息，從而有意識或「故意地」重新編制屬於自己的網狀激活系統，例如，您可以使用NLP設置目標並將可視覺化（visualizations）的效果添加到目標中。

拿破崙(Napoleon Hill)曾說過這樣的話：如果我們持續思考目標，並沒有任何消極想法，我們便可以實現目標，世界上不少名人曾說過類似的話。我們的網狀激活系統無法區分「眞實事件」(real events)和「合成現實」(synthetic realtiy)，大體傾向相信人給出的任何信息。想像一下如果我們卽將要上台發表演講，我們可以通過在腦海中視覺化的景象來練習演講，我們可以通過「假裝」練習不斷模擬及重覆演練來提升我們的演講能力。

又例如當人吃一些他們喜歡的食物，在對大腦的掃瞄下，大腦的某些部分會通過這些實際行動而發光，例如：我們去嗅那些食物、見到食物時流口水、伸手去取食物時、又或者眼睛發光去望著食物，這些行動，卽使是在你腦海生動地相像(vividly imagine)，相同的機制(眞的去吃那些食物或只是相像)，你的神經亦會像火機一樣，「點燃」了你的大腦。

網狀激活系統也在夢中起重要作用。通過使用腦部掃描和電子設備的科學觀察可以得知人在深度睡眠期間，網狀激活系統區域的活動會大大減少了，但是當人在做夢的時候，腦袋會身處於快速眼動(REM)的狀態，網狀激活系統中的神經活動便會增加到類似於清醒時所看到的活動。麥克斯韋·馬爾茨博士(Maxwell Maltz)便早於1960年在其經典自助書籍《心理傳導》(Psychocybernetics)中探討了人有自動化的伺服機制(servo-mechanism)去自動化地尋求目標，他沒有使用網狀激活系統一詞，但這也可視爲相同的過程。

Mapping Across 映射(配扣法)

神經語言程式學中的映射(Mapping Across)配扣是將同一感覺或感官的次感元結合在兩個或多個不同的情境中，以實現互相制衡和互相配合的效果。Mapping Across也是一種技術，用於將一個狀態、情感或行爲從一個內部表示(例如視覺、聽覺、嗅覺等)映射到另一個內部表示。這種技術通常用於調整個人的情緒和行爲反應以更好地應對特定情況或挑戰。

這種方法或技巧可以分為互相制衡法和互相配合法。

例如：如果我想戒掉某種食物，每次吃它時，我會將我討厭的次感元與它聯繫在一起。一次又一次後，我對這種食物漸漸失去興趣，最終能夠戒掉它。

舉個例子：如果你很喜歡吃超級巨無霸漢堡包，但同時想減肥，你可以每次吃這個漢堡包時想一想臭豆腐的味道，或在旁邊放一張臭豆腐的照片。通過一次又一次的經驗，你很快就會不再喜歡吃超級巨無霸漢堡包了。這就是所謂的「次感元制衡法」。

再舉一個例子：如果你很想保持身材但又害怕運動，但你又愛吃朱古力，當你每次做運動時，想起吃朱古力帶來的快樂和味道，或者在運動結束後犒賞自己吃一塊黑朱古力。經過一次又一次的重複，你會逐漸愛上做運動。這被稱為「次感元配合法」。

再例如，如果一個人在某個情境下感到緊張和不安，可以使用映射技術將這些情感映射到另一個內部表示上，例如一個舒適、自信和放鬆的狀態。這樣做可以幫助人們改變他們對特定情況的情感反應，從而更好地應對這些情況。此外，映射技術也可以用於幫助人們建立更加積極、自信和成功的行為和思維模式。

Mapping Across應用步驟

這種技巧基於觀察到人們在某些狀態下可能表現出優勢或成功的能力，然後將這些資源映射到其他需要改進的狀態中。這樣做的目的是利用一個成功的狀態來改進其他相關的狀態。

日常練習

Mapping Across的過程通常包括以下步驟：
1. 辨識成功狀態：首先，辨識一個特定的成功狀態，其中一個人在該狀態下表現出優勢或成功的能力。這可以是一個特定的情境、經驗或活動。
2. 收集資源：觀察並記錄在該成功狀態下使用的資源和策略。這可能包括信念、情緒、認知模式、行為模式等。

3. 映射到目標狀態：確定需要改進的目標狀態，並將成功狀態中的資源映射到該目標狀態中。這可以通過模仿和模擬成功狀態中的行爲和策略來實現。
4. 練習和鞏固：在目標狀態中，練習和應用來自成功狀態的資源和策略。這可以通過模擬、角色扮演和實際應用中的練習來進行。

Mapping Across的目的是將一個人在一個成功狀態下的資源轉移到其他需要改進的狀態中，以促進個人成長和改善。這種技巧可以應用於各種情境，包括自我提升、學習、溝通和個人發展等領域。

重要的是要理解Mapping Across是一個靈活的技巧，根據個人的需求和情境進行調整和應用。通過有效地映射資源和能力，人們可以改善不同狀態下的表現和達成目標。

映射技術通常涉及到將一個人的內部經驗轉換成另一個內部經驗。例如，可以將一個視覺圖像中的緊張和不安的情感映射到一個聽覺體驗中，例如聽到某種聲音或音樂，以幫助他們放鬆和感到舒適。這種技術可以通過模擬和體驗不同的狀態來實現，例如練習想像不同的情境或聆聽不同的聲音。

在實踐映射技術時，通常需要對個人的經驗進行深入的觀察和分析，以確定最適合的映射策略。此外，映射技術也需要在合適的時間和地點進行，以確保最好的效果。

映射技術是NLP中一個重要的技術，可以幫助人們改變他們的情緒和行爲反應，以更好地應對各種情況和挑戰。事實上，次感元有著廣泛而豐富的應用，具有巨大的創意空間，由你來發揮，由你來尋找！

人際關係中的應用映射 (Mapping Across)

在人際關係中,應用映射 (Mapping Across) 可以幫助你建立共鳴、理解他人和改變不利的情緒或觀點。以下是一些應用映射在人際關係上的例子:

1. 建立共鳴:通過映射,你就像穿上了別人的鞋走他們的路,理解他們的感受和經歷。這可以幫助你建立共鳴和同理心,從而更好地理解他人的觀點和情感。當你與他人交流時,嘗試想像自己處於他們的位置,思考他們可能的感受和反應。這種映射的觀點可以幫助你更好地理解對方,並以更尊重和體貼的方式回應。

2. 調整情緒:映射也可以用於調整自己或他人的情緒。如果你注意到某人感到沮喪或焦慮,你可以幫助他們映射到一個正面和積極的情緒狀態。與他們討論一個令他們感到快樂或自信的回憶,讓他們想像並重溫這種情感經驗。通過映射到正面情緒狀態,他們可能會感受到情緒的轉變和舒緩,從而改善情緒狀態。

3. 改變觀點:有時候,人們可能持有一個固執的觀點或立場,這可能導致沒有有效的溝通和理解。通過映射,你可以幫助他們從不同的角度看待問題。將他們的觀點映射到其他相似情境中,讓他們思考其他可能性和觀點。這種映射的觀點可以幫助他們開放思維,接受不同的觀點,從而促進更有效的溝通和解決問題。

4. 轉移情感:映射還可以用於轉移情感。如果你注意到某人對某個特定情境或記憶感到痛苦或擔憂,你可以幫助他們映射到一個較輕鬆或積極的情境中。與他們討論一個令他們感到安心和快樂的情境,讓他們想像並將這種情感轉移到原本引起痛苦或擔憂的情境中。這種映射的情感轉移可以幫助他們減輕負面情緒或放下過去的痛苦。

以上是應用映射在人際關係上的一些例子。通過映射,你可以建立共鳴、理解他人、調整情緒和改變觀點。這些技巧可以幫助改善人際關係、促進溝通和解決衝突。

連結（Association）與抽離（Dissociation）

　　如果再進一步將配扣法延伸，與催眠中的連結（Association）與抽離（Dissociation）有極大關係。現在，我會以減肥爲例，進一步深化配扣法這主題，亦作進一步的理論延伸。

　　在九十年代，當時有不少減肥中心，不過不少人越減越肥，這些減肥中心最後全都倒閉，無一倖免。中國人常言：「不怕生壞命，最怕改壞名。」命運可能可以通過後天努力改變，但是名稱卻可跟你一世。說到這裡，你可能會覺得迷信，但其實一點也不迷信。

　　現在，我邀請你閉上雙眼，然後千萬千萬不要想起自己肥胖的身軀，也千萬千萬不要想起那些肥膩的食物，更不要想起肥胖爲你帶來的壞處……當我不斷把這些字眼從你腦海提起，其實你一直在吸收這些字，如：「肥胖」、「身軀」、「肥膩」、「壞處」。當我還未提起這些字時，這些字根本不在你的腦海，但當你把「肥」字放在腦海，放在你的潛意識，並不知不覺間牢牢記住，你的行爲也不知不覺間實現這些「肥的想法」，所以當人們去減肥中心減肥時，結果越減越肥。現在基本上所有的「減肥中心」都變成了「XX瘦身站」、「XX纖體中心」，歷久不衰。

　　肥胖可能是與生理問題有關，但很多人卻忽略了肥胖其實也可與心理問題有關。在改變潛意識的練習裡面有一些練習值得參考一下。

1. 手術法：

　　這個方法散見於中東等地區，網上有不少片段流傳，醫生會讓案主想像自己的身體部分會被切除。如果身體有很多脂肪，醫生會讓案主想像自己身體的脂肪正在被手術刀切掉。想像力豐富者，或會想到多個噁心鏡頭，經多次引導式想像後，或會成功減肥。

常言：「痛就會放手？」不放手因爲未夠痛？如果身體部分被切除仍不夠，還有那些事會令你痛？就好像愛一個人，未夠痛，所以不放手？想一想你何時會死心？是他剛離開你，你就會死心？還是他已經另結新歡亦生仔結婚後你才會放手？想一想一個痛得徹底的理由，太痛就會放手。如果你手執一杯熱水，你可能仍然會堅持拿著水，如果不斷把熱水加熱，燙到不能再燙，你就算多想捉住，你仍然會放手。也好像他拿著一堆沙，就算你多想捉緊，沙也會流走。世上沒有甚麼是可以捉得緊的，有需要放手時就會放手。找一個痛的理由，讓自己不再執著，如：再不減肥就不能在一生人一次結婚的時候著合身的裝束、再不減肥就不能與心愛的人一起、再不減肥便不可以再去表演唱歌、跳舞……每一個原因都可以不動，最重要的是夠痛，你便會放棄原先的愛理不理。

2.厭惡法：

這個方法與上述的方法異曲同工，同樣用了輔導中的連結（Association）方法。連結，簡單而言即想像並把一件物件連結至另一件物件上。當你走進一間衛生欠奉的餐廳，你硬著頭皮繼續坐下去，侍應倒了一杯污水給你，水上全都是油，再把有油跡的餐具給你，食物合乎預期地附送昆蟲……說到這裡，你會再光顧這餐廳？你一想起這餐廳便會想起不堪入目的經歷。如是觀，當你把一件導致你癡肥的食物連結成你厭惡的東西，並持之以恆想像，假以時日，你可能與它分手。

我曾聽過一個成功戒煙的例子，就是案主每天也不斷重覆強化，告訴自己：「食煙眞的很醜陋。好樣衰！」並不斷把吸煙連結爲「好樣衰」，最後也能成功戒煙。

3.緩害法（Harm Reduction）：

想像一下，如果一個人很愛吃漢堡包，一天還要吃十個。你突然不給他吃，他根本一下子不能戒掉，就好像你每天要吃飯，突然明天不能吃，你一定很不習慣。Harm Reduction，顧名思義就是緩害。自越戰後，很多美國人都染上吸

食鴉片類藥物的毒癮。美沙酮也是一種毒品，而美沙酮的設立就是用作緩害，即是逐少減低吸毒的劑量，由多到少，由少到無。

4.取代法：

有些人提到，如果需要減肥，我們在案主面前應該盡量不要提「肥」字，那麼戒煙嗎？是否在輔導的過程中不要提「煙」字？

當你做到緩害的方法，也不妨再考慮多一點取代的方法。假設你每天需要飲五罐有糖的可樂，你用盡各種方法，也處理不到這個心癮，你不如考慮將這五罐有糖的可樂，轉爲五罐無糖可樂。有時候，心癮會大於實際成癮，換了一些東西去代替，雖沒有原本過癮，但可以達到相似的效果嗎？

瘦身與吸煙不同，因爲煙是關鍵字，你亦可嘗試用替代手法，例如有哪些東西，可取代尼古丁？例子是，有一些煙用茶葉做，如案主必須吸煙，因爲煙能帶給他「安全」的感覺，因爲他總覺得好像有些當西可以握在手中。我們可以嘗試用取代法。取代法很簡單，我們可以用茶葉煙取代眞正的煙（有些煙是以茶葉製造），沒有尼古丁。這個就是取代法（replacement）。這個也是實用、容易而快速的方法。

我曾聽過一個戒煙的例子，吸煙可追溯至弗洛伊德的口腔期（oral stage），因爲在嬰兒時得不到吸吮的感覺，卽是可能沒有「奶嘴」或缺少了人工餵哺，所以長大時，想要有一些東西「揸手」（卽握著在手的感覺），也彌補吸吮期的感覺，故需吸煙。可能這對於很多人來說是一個藉口，除了減少吸食尼古丁的毫克，如從0.8毫克/每枝，減少到0.1毫克/每枝，亦可以找另外的替代品，如：茶葉煙等。茶葉煙的形狀與煙無別，點煙的方法、外型亦無別，只是當中不含尼古丁。或者我們可以想一想有甚麼較健康的東西去取代。雖這個不是最好的方法，但是解決心癮也可能是其中之一有效的方法。

5.後果法：

如果有人告訴你，吃太多東西會死，你會告訴他：「人總會一死。」但如果你真的預見到你再吃下去，血管真的會爆裂，一個月內再不改善可能會死，但如果由今天開始改變，可能可以回復正常。如果有人這樣告訴你，結果會否不一樣？

人往往因為欠缺一個動機（motivation），而缺乏行動力，世上甚麼也可以是一種動機。如果你說做人沒有任何動機，沒有一件事值得你堅持。我在想你要好好想一下這個目標，或瘦身對你來說是否真的重要，因為每一件事都值得找一個動機和信念。給一個對方不能拒絕的動機。

曾聽過一個例子：「有一個日本人想收購一間香港日本餐廳，但出手太低，案主不為所動，最後日本人不斷加價，案主仍無動於衷，因為只是市場合理價。最後，因為拉鋸戰太久，日本人真的急需這間鋪，需要下決定，移民到香港，所以提出了一個案主不能拒絕的價錢，而這個價錢比原訂的價錢多了好幾倍以上，最後案主也感到這個價錢不能拒絕，所以也接受了。」這個故事告訴我們：問題是你可以為了你的目標，付出多幾倍的時間、努力與價值？這不止是等價交換那麼簡單，而是你可以為了目標，而付出多幾倍的努力。

試想像一下，如果我邀請你買一萬本這本「瘦身秘笈」，並跟隨裡面的方法堅持三個月（假如你的目標是三個月），你成功減到的話，我便把你買書的錢全數退回給你，你願意嗎？

你還要考慮？考慮卽是其實你的動機也不怎麼大？當你下定決心去做，就算你要買這十萬本「瘦身秘笈」，如果你堅信你能夠完成，你也會這樣做。雖說錢不是一個人會考慮的所有的動機，但錢卻是一個萬萬不能不想的事，而很多人又不會抗拒的事。

或者如果我把事情倒轉來說，如果所有挑戰者真的可以在三個月內挑戰瘦身

成功，我會把這十萬本「瘦身秘笈」利潤全部給予挑戰者。加上一個時限，加上一些動機，你瘦身的決心會否更大？這本書籍也一定能夠大賣，因為這個方法多數都會成功。

很多時候，你的決定也會從錢出發：你今天坐的士上班，還是坐公共交通上班？你今天會用一百元吃一個沙拉，還是自己可以親手用十元就弄一個沙拉來吃？你的動機、你的決心、你的堅持有多久，決定事件成功與否。相反，如果很多事你都要想，或者事件對你的影響根本不大，你就不會下定決心。

曾有一位護士問我，她聽過一個催眠減肥大師說：「其實變瘦很簡單，你只需要不斷告訴自己你一定會變瘦、你一定會變瘦。你需要不斷強化案主，只要五分鐘的時間，他便可以變得更瘦。」我不禁笑了，也許方法沒有錯，這句說話可以為案主建立一個不重覆而深化的心錨(anchor)，但是否最有效？

心學家王陽明曾指：「知而不行，只是未知。」只想不做，並不是真知。真知，所以為行。如果真的知道，便要以行動作配合。你需要為自己制定一個S.M.A.R.T goal，即具體(specific)：我要在三個月內不斷跑步，並每天堅持最少30分鐘瘦身；可量度的(Measurable)：想瘦多少？3kg？5kg？；可達到的(Achievable)：我要在三個月內成功瘦身；現實(Realistic)：如果你連走路也有問題，你根本連跑步也跑不到，這並不現實。如果你每天真的可以抽出30分鐘或以上去堅持跑步，這個方法可能也是一個事實的方法；時間(Time)：這個不是一個一萬年的目標！而是三個月必須完成的目標！

當你有了目標，然後可以再往下想，想了可行性然後去做，結果會否不一樣？

這個世界有沒有必定成功之法？如果有，這本書的出現，纖體中心就會倒閉。但有沒有更有效的方法，絕對有！關鍵在你能否把這些畫面實踐到日常生活中。現在我會以增加難度的方法為例，希望大家加以想像，並應用到日常日活中。

6.增加難度法：

很多事情，只要增加難度，整個人生也改變。曾聽過一個每天也要吃十個漢堡包的心理治療師個案：「……在進行催眠期間，案主是可以繼續進食漢堡包的，但先要完成治療師給他的任務。治療師先和案主一起畫出他附近麥當勞的分佈地圖，找出每隔一公里的分店所在地，之後要求他在一間麥當勞只可購買一個漢堡包吃，而且不可在店內進食，要一邊走路一邊吃，如果他想吃第二個漢堡包就要到一公里以外的麥當勞購買，如果要吃十個漢堡包，就要走十公里到不同的麥當勞購買，如此類推。來回共二十公里，走一公里才可吃一個包……」（節錄自：文心、局目子：《催眠師的世界：催眠·聯想·異次元》，〈明文出版社〉，頁21- 24。）

又舉例來說：一個人想戒煙，他同時又想身體健康，你可以告訴他，把煙都包上美麗的保鮮紙，並用不同的圖案貼著。他需要由辦公室或家中，跑十層樓梯，然後到最近的海旁。在海旁，他要尋找一些吸煙者，然後在他面前表現拆保鮮紙，一層又一層，最後把貼紙貼在自己的衣服上，每食一枝都重覆以上步驟。回到辦公室或家中，跑十層樓梯……不斷重覆。這是個有效的方法。當世界上事情的難度增加，很多人便會因為難度增加而放棄。

增加難度法應用

你可以先放鬆一下你的身體。

美國一些研究曾找出兩群猴子，一群猴子漫無目的地進食，而一群猴子只可吃七成飽。研究發現，只吃七成飽的猴子會更健康，只吃七成飽的猴子老化速度與死亡率都較低。熱量限制（caloric restriction）不代表缺乏營養、捱餓，相反它可能可以使你活得更長久。

想一想你還有哪些事未做？
有哪些事值得你去瘦身？家人？愛人？朋友？自己？

想一想日常生活中是哪些東西導致你肥胖？

感受一下自己身體的重量？

你為自己找到一個很強的減肥動機嗎？

你試過哪些方法？

有哪些方法令你成功？

又哪些方法令你失敗？

有甚麼令你到了今天仍然是維持這個體重？

甚麼令你很想放棄？

也許成功永遠不止一個方法？

現在我想和你說一個故事：

也許要一個人成功減肥，從來不是吃與不吃的問題。如果我問你買一個漢堡包的方法，你告訴我只可以去周邊的快餐店買，那麼就真的只有一個方法。

你可以想像一下穿著波鞋下街，跑三十分鐘再去吃漢堡包；

又或者步行到五公里以外的快餐店才可以吃漢堡包；

又可能你先去看一些抽取體脂的影片，再嘗試用三十分鐘去吃一個漢堡包。

當你閉上眼，你是否可以想到一千個方法去吃這個漢堡包？你想到甚麼方法？多天馬行空或者現實也可以。首先，我們想一想這個可行性。隨意再想有哪些方法可以增加我們的決心？又有哪些方法可以增加我們的難度？

這個時候，你坐在一張舒服的椅子上，給自己一個寧靜的思考空間。此時你的心裡浮出一個健康清單，你會想寫甚麼在清單裡面？你可否列出五個解決的方法？一些具體可以實踐的方法？

問題就是解決。如果你知道你的體重是一個問題，其實你已經有解決的方案。因為如果這個不是問題，你根本不會提出這個問題。想好了，寫好了，把這份健康清單放在心裡，當你慢慢開眼的時候，再把它實踐。

感官知覺策略(Sensory Perceptual Strategies)

策略對於NLP執行師來說非常重要，對於與他人的溝通，擁有一個有系統且有效的策略是至關重要且必要的。

感官知覺策略(Sensory Perceptual Strategies)是神經語言程式學中的重要概念。在人類感知、處理和回應外界刺激時所使用的內部策略和模式。感官知覺策略被認為是影響人類心理和行為的重要因素之一，因為它們可以影響人們如何感知和回應外部環境的刺激。這些策略涉及我們如何感知和處理感官信息，以創造主觀的經驗。NLP致力於理解和應用這些策略，以實現有效的溝通和達成目標。

感官知覺策略涉及利用我們的感官(視覺、聽覺、身體感覺、嗅覺和味覺)來收集信息並理解我們周圍的世界。例如，在解決問題時，有些人可能更喜歡使用視覺化策略，如想像一張圖表或圖像，而其他人可能更喜歡使用聽覺策略，如想像聆聽某人的建議或意見。NLP認識到不同人在感知和處理感官信息方面有不同的偏好。通過理解和運用這些策略，我們可以增強與他人的溝通和聯繫能力。

例如，在NLP中，我們可以識別一個人的偏好感官再現系統(VAKOG：視覺、聽覺、身體感覺、嗅覺、味覺)，並根據其偏好的感官模式來調整我們的溝通方式。這使我們能夠建立共鳴，有效地傳達我們的訊息。

感官知覺策略還涉及關注非語言提示，如肢體語言和面部表情，以獲得對一個人內在狀態的洞察。通過觀察這些提示，我們可以更好地理解他們的想法、情緒和動機，並相應地調整我們的溝通方式。

感官知覺策略是 NLP 中的一個重要概念，因為它們可以影響人們的思維和行為。通過了解和應用感官知覺策略，人們可以更好地理解自己和他人的行為模

式，並且可以改變不利的行為模式，以實現更好的結果。

此外，NLP還可用於增強感官體驗並創造積極的改變。通過運用豐富感官的語言、視覺化和錨定技術，個人可以增強感官知覺，克服限制，創造新的賦能體驗。

感官知覺策略在NLP中扮演著重要角色。它們涉及理解和運用我們的感官來收集信息，有效地溝通和創造有意義的經驗。在實踐感官知覺策略時，通常需要對個人的內部經驗進行深入的觀察和分析，以確定最適合的策略。此外，感官知覺策略的應用也需要在合適的時間和地點進行，以確保最好的效果。

每個人都有自己的模式，而NLP也是一種模式學，其中包括模式本體學、模式認識學和模式方法學。包括：Pattern-ontology（形式本體學），Patten-epistemology（形式認識學），Patten-methodologies（形式方法學）

有關模式學的詳細解釋和解讀，留待下一個專題。每個人都有自己的精神行為模式，例如有些人從文字思考，然後進入想像，再進入認識，從而行動。每個人的五感喜好、敏感度和經驗都不同，構成了每個人獨特且獨一無二的個人模式。

又例如在日常生活中有些人對視覺較為敏感，他們從視覺(V)開始，然後是聽覺(A)，接著是感覺(K)，最後才有複雜的認知和行為。他們可能會先看到食物的外觀(V)，再聞到食物的味道(O)，然後才拿起刀叉進行進食(K)。

有些人對聽覺較為敏感，他們從聽覺(A)開始，然後是視覺(V)，接著是味覺(G)，最後才有感覺(K)和複雜的認知和行為(A-V-G-K)。

每個人的身心靈、人生經歷和思想都是獨一無二的，如果您能有效地掌握個人模式，就能輕鬆地與任何人進行溝通並進入他們的內心世界和心靈深處。

感官知覺策略步驟

神經語言程式學中的感官知覺策略可以應用以下步驟：

1. 觀察感官偏好：觀察對方的言語和行為，以識別他們的感官偏好。注意他們的詞語選擇、肢體語言和口頭描述。例如，他們可能經常使用視覺詞彙(如「看起來」)、聽覺詞彙(如「聽起來」)或身體感覺詞彙(如「感覺」)。

2. 測試感官知覺策略：通過提供不同的刺激，例如圖像、聲音和語言，測試個人的感官知覺策略，以確定他們使用哪些感官來處理信息。

3. 建立聯繫：根據對方的感官偏好，運用相應的感官語言和非語言提示來建立聯繫。例如，與視覺偏好的人溝通時，使用視覺化的言辭和手勢；與聽覺偏好的人溝通時，使用音調和聲音的變化。

4. 調整語言和表達方式：根據對方的感官偏好，調整自己的語言和表達方式。例如，與視覺偏好的人溝通時，提供圖表、圖像或視覺化的解釋；與聽覺偏好的人溝通時，提供聲音和聽覺的描述。

5. 注意非語言提示：觀察對方的肢體語言、面部表情和姿勢，以獲取更多關於他們的感受和內在狀態的信息。這些非語言提示可以幫助你更好地了解對方的想法和情緒，並適應你的溝通方式。

6. 調整和強化策略：根據觀察和測試結果，調整和強化個人的感官知覺策略，以幫助他們更好地處理信息和達成目標。

7. 應用錨定技巧：錨定是一種NLP技術，通過與特定感官體驗相關聯的觸發物，來調動和喚起相關的感受和狀態。在感官知覺策略中，可以運用錨定技巧來增強感官體驗，例如透過視覺化和聲音錨定來創造積極的情緒和狀態。

8. 反饋和調整：不斷觀察對方的反應和回饋，並根據需要進行調整。如果你的溝通方式沒有產生預期的效果，嘗試調整你的策略和技巧，以更好地配合對方的感官偏好。

這些步驟可以幫助你更好地理解和與他人溝通，提高溝通的效果和連結。感官知覺策略在NLP中是一個重要的概念，可以幫助人們更好地處理信息和達成

目標。在應用感官知覺策略時，需要不斷觀察、測試、調整和應用策略，並通過檢查結果來不斷改進，以達到最佳效果。

應用日常例子

感官知覺策略在日常生活中的應用有很多，以下是一些例子：

1. 面試溝通：在面試中，使用感官知覺策略可以幫助建立良好的聯繫並提高溝通效果。觀察面試官的感官偏好，例如他們喜歡使用視覺還是聽覺感官進行理解和評估。根據這些觀察，調整你的語言和表達方式，例如使用形象化的詞語或以聽覺方式闡述你的經驗和能力。

2. 團隊合作：在團隊合作中，感官知覺策略可以幫助更好地理解和連結團隊成員。觀察每個團隊成員的感官偏好，例如他們喜歡使用視覺、聽覺還是身體感覺來理解和處理信息。根據這些偏好，調整溝通方式，使用相應的語言和非語言提示，以便更好地傳達意思並建立共鳴。

3. 教學和學習：在教學和學習過程中，感官知覺策略可以幫助提高學習效果和記憶力。了解學習者的感官偏好，例如他們喜歡使用視覺、聽覺還是身體感覺來吸收信息。根據這些偏好，使用相應的學習材料和方法，例如圖表、視頻、聲音或實際體驗，以便學習者更容易理解和記憶所學知識。

4. 銷售和市場營銷：在銷售和市場營銷中，感官知覺策略可以幫助更好地吸引和影響案主。觀察案主的感官偏好，例如他們對視覺、聽覺還是身體感覺的敏感度。根據這些觀察，使用相應的語言、圖像、聲音和觸感來呈現產品或服務，以吸引案主的注意並建立情感聯繫。

5. 個人成長和自我管理：感官知覺策略可以應用於個人成長和自我管理，幫助管理情緒、改變行為和達成目標。觀察自己的感官偏好，例如對視覺、聽覺、身體感覺的偏好。根據這些觀察，使用相應的策略，例如視覺化技巧、聆聽音樂、身體放鬆或呼吸練習，以調整自己的內在狀態和提升自我意識。

這些日常例子展示了感官知覺策略在各個領域的應用，幫助人們更好地理解和連結他人，提高溝通效果，並實現個人和職業目標。

人際關係上應用感官知覺策略
(Sensory Perceptual Strategies)

在人際關係上，應用感官知覺策略(Sensory Perceptual Strategies)可以有以下的應用：

1. 溝通和理解：感官知覺策略可以幫助你更好地理解他人的感受和需求。通過觀察和聆聽，你可以注意到對方的身體語言、語調和表情，從而推斷他們的情感和意圖。這有助於更有共鳴地溝通和理解對方，建立更深層次的聯繫。

2. 建立親密關係：感官知覺策略可以幫助你在人際關係中建立親密和信任。通過觸摸、視覺和聽覺的交流，你可以創造親密感和情感連結。例如，給予溫暖的擁抱、注視對方的眼睛、細心聆聽並回應對方的聲音，這些都可以增強親密感和關係的深度。

3. 表達關心和尊重：感官知覺策略可以表達對他人的關心和尊重。通過注意對方的感官需求，例如提供舒適的環境、味覺上的禮遇或者共同參與感官體驗，你可以讓對方感受到被重視和關愛，從而加強關係的穩固性。

4. 解決衝突和糾紛：感官知覺策略可以用於解決人際關係中的衝突和糾紛。通過觀察和理解對方的感受和反應，你可以更好地掌握有效的溝通方式，選擇合適的詞語和語調來緩和緊張局勢，以及提供情感上的支持和理解。

5. 建立共鳴和連結：感官知覺策略可以用於建立共鳴和連結，增進人際關係的親密性。通過共同體驗感官的愉悅，例如共同品嚐美食、欣賞藝術作品、一起參與活動等，你可以創造共同的回憶和情感連結，加深關係的牢固性。

這些是應用感官知覺策略在人際關係上的一些例子。通過注重感官的觀察、溝通和連結，你可以更好地理解他人、建立親密關係、表達關心和尊重、解決衝突和糾紛，以及建立共鳴和連結。這些技巧可以幫助你在人際關係中更有效地建立深層次的聯繫和共享，從而促進和諧和滿足的關係。

打開感官五步曲

如果以上練習你能夠應用，相信你也可以在與別人溝通的層面上有進一步提升，如果把這些練習深化，你可以嘗試以下的打開你的感官五步曲：

模擬練習

1)視覺Visual：

- 三人一組：一人爲NLP執行師(Programmer)、一人爲受試者(Subject)、一人爲觀察者(observer)

1. 執行師安排受試者坐在一個他安排的位置。執行師讓受試者進入高度專注的視覺狀態(visual state)，如：讓他想像眼前有一隻恐龍、螞蟻、大小不同的事、或色彩或黑白的物件，並讓他們並閉上眼睛。
2. 受試者在心裡拍攝一張照片，把環境定格，並記住在場的環境，然後慢慢閉上眼睛。
3. 執行師隨意在房間調整一些物件，然後讓受試者慢慢睜開眼睛，讓他們嘗試識別變化。
4. 執行師需注意受試者能夠識別哪些變化，而這些變化又代表了甚麼？如：案主是否可以觀察微小的事、微小的變化、或案主的視覺是否強或弱。
5. 所有人也需要試一次。

2)聽覺Auditory：

- 三人一組：兩人爲NLP執行師((Programmer)、一人爲受者(Subject)

1. 執行師讓受試者進入高度專注的聽覺狀態(a vivid auditory state)，如：大、小不同的聲音、遠近、不同的音樂刺激受者的聽覺，並讓受者閉上眼睛。

2.兩位執行師分別發出聲音，如：拍手、轉筆、手指移動、搓手等，並在發出聲音時讀出自己的名字。

3.然後，執行師要求受試者區分，並識別哪個執行師產生了哪種聲音。

4.當案主做到區別不同的執行師後，執行師可以一起交替發出聲音，以使受試者混淆。

5.所有人也需要試一次。

3) 觸覺Kinesthetic：

-三人一組：兩人為NLP執行師((Programmer)、一人為受者(Subject)

1.執行師讓受試者進入高度「充電」的觸覺狀態(a highly charged kinesthetic state)，如：讓受試者平靜後，然後想像身體像充滿電一樣，可以有很高觸覺去感受不同的身體感覺。

2.兩位執行師可以不斷觸摸受試者，如：手腕、手指(避免敏感部分)，並在發出聲音時讀出自己的名字。

3.受試者可以嘗試感受一下不同的溫度、力度及感覺，從而估出是哪個執行師觸摸他。

4.當案主做到區別不同的執行師後，執行師可以一起交替觸摸受試者，以使受試者混淆。

5.所有人也需要試一次。

第六章
人格工程（Humanity Engineering）

以形式學（Patternology）和「個人模式」（Unique Pattern，UP）為基礎，可以成為一位「人格工程師」（Humanity Engineer）（取自《催眠師的世界：催眠‧聯想‧異次元》，2021）。我們可以運用NLP技巧進行「人格模式分析」（Humanity Pattern Analysis），找出每個人的模式，然後以催眠的方式，如暗示、重複深化、心錨（Anchoring）、刪減（Deletion）、重塑（Reframing）等，重新構建更美好的「個人模式」，解決他們在人生中遇到的各種問題、困擾和困難等。

在重塑之後，我們還需要進行「人格深化」（Humanity Consolidation）。作為一個專業的NLP執行師，在重建人格之後，需要進行「人格深化」，因為重建後的人格是不穩定的，很容易回到舊有的模式。只有進行「人格深化」才能真正有效地進行治療。

如何進行「人格深化」
（Humanity Consolidation）

1.首先與案主一起制定一個「人生計劃書」，逐步實踐個人改變的步驟。

2.設定近期、中期和長期目標。

3.制定獎勵自己的方案。

4.定義成功的標準。

5.為自己創造一個新的形象。

「人格工程師」(Humanity Engineer)的模式三步曲：

1. 分析：進行「人格模式分析」(Humanity Pattern Analysis)。
2. 工程：運用催眠技巧進行「人格工程」，例如暗示、重複深化、心錨、刪除、重構等。
3. 「人格深化」(Humanity Consolidation)：制定「人生計劃書」。

黃金策略(Golden Strategy)

通過「分析」、「工程」和「深化」，NLP執行師可以有效地應用「感官知覺策略」，請記住每個人都是獨特的(Everyone is unique)。策略需要具備彈性、熱情、專業和負責任，每個策略都是獨特而具有針對性的。地圖不等於領土，要保持開放和可調整的心態，這才是一個黃金策略(Golden Strategy)。黃金策的其中一個例子是：

解離(Dissociation)：
解離是一種具有層次和深度的技巧，具有不同程度和深度的解離體驗。

在日常生活中，我們的意識和身體基本上是連在一起的。我們可以使用解離的方法將內在的「自我」與外界分離，形成一個不是自己的「自我」。這個不是自己的「自我」沒有自身特質、想法和觀點，只是單純的觀察者，具有強大的觀察能力，成為一個高度客觀的「我」，我們稱之為「隱蔽的觀察者」(Hidden Observer)＊。

這個觀察者沒有任何特性，只是觀察。它是一個意識上的黑洞，可以看到真實的自我，從外部觀察自己，了解自己的言行舉止、思考和行為，接受全方位的客觀「掃描」，對自己有一個清晰的全面了解，這就是佛家所謂的「真如」。

觀察到真如的「自我」是一種常見的體驗，只是我們不經意地忽略或只是一瞬間的體驗。例如，在跑步時，當我全神貫注時，突然好像看到「自己」跑步的姿勢，從內部看到外部，再從外部回到內部，從而改善跑步方式。又例如，當我們自省時，會發現自己的缺點，並作出改變。再者，當回想過去所做的傻事時，突然感到之前的自己是多麼陌生！這些都是解離的體驗。

這是第二個層次，解離不僅僅是看到自己，還可以看到他人。它使我們可以從一個全無自我的「自我」的角度重新看待他人，以高度客觀的角度重新觀察一個人或一件事！

第三個層次是，在解離自己的同時，吸納他人的意識並成為他們。使用他們的「肉身意識」來看待他們的世界，實現「我他兩忘」。

第四個層次是，不僅可以融入他人的「肉身意識」，還可以進入事物中感悟不同的世界，擁有不同的世界觀。你可以將自己變成一盞街燈、一個垃圾桶來看世界，又或者你可以成為一個事物。這是佛家所說的「物我兩忘」。

第五個層次是，不僅僅是融入物我，還可以自由穿梭於不同的時間和空間，在不同的「時間線」上自由跳躍！這就是佛家所說的「一境性」，唯識論中的第十識「無量識」，或催眠學中的時間回溯、自動書寫，又或者心流學中的「超級心流」(Super Flow)的境地。

需要注意的是，當應用解離技巧時，如果無法返回所謂的「現實」，可能會產生幻覺或錯覺，主要原因是進行解離的人的意識力量不足，無法掌控解離的效果。最常見的情況是無法區分誰是「自我」，迷失在不同的時空中，無法辨認自己和他人，這種狀態類似於精神分裂。

因此，當催眠師應用解離技巧時，必須具備強大的自我意識和深度認知基礎，並能控制意識力量，才能進入高級的解離狀態！

「解離」還有另一個解釋，即「解釣」(De-anchoring)。在日常生活中，我們的意識常常與其他物體、人或事情聯繫在一起，這種聯繫稱爲錨定(Anchoring)。廣告經常使用這種方式。例如，一個大而黃色的"M"字母會讓人聯想到麥當勞。又例如，很多廣告聲稱，如果使用了他們的產品，就一定會成功，他們將「成功」與他們的「產品」聯繫在一起，當人們使用產品時就會產生成功的錯覺。然而，事實上，「成功」和他們的「產品」並沒有直接關係。這種錨定的催眠方式主要影響我們的判斷，干擾我們對事物眞相的判斷和行爲。因此，解離具有「解釣」的意義。

*在神經語言程式學中，「隱蔽的觀察者」(Hidden Observer)是一個重要的概念。它描述了人們內在的觀察者或意識部分，負責觀察和紀錄個人的經驗，同時保持距離和客觀性。

根據NLP的觀點，人們的意識可以分爲多個部分，包括「隱蔽的觀察者」。這個「隱蔽的觀察者」是個人意識中的一個部分，它可以獨立於其他部分，如自我、身體感受或情緒等，來觀察和記錄經驗。

這個概念的重點在於，人們不僅是經歷者，還可以成爲觀察者，以一種客觀和距離的方式觀察自己的內在經驗。這個觀察者可以提供更深入的洞察力和理解，以促進個人的成長和變革。

在實踐中，NLP可以通過特定的技術和練習來培養和加強「隱蔽的觀察者」的存在和功能。這些技術可能包括冥想、覺察練習、注意力訓練和內在對話等。透過培養這種觀察者的能力，人們可以更好地理解自己的思維、情感和行爲模式，並在需要時進行自我調整和改變。

需要注意的是，「隱蔽的觀察者」並非一個獨立存在的實體，而是將意識的一個部分描述爲觀察者的一種形象。這個概念在NLP中被用來幫助人們開發自我觀察和反思的能力，以實現個人的成長和改變。

鏡子練習・自我對話・正面思想

每當睡前，便是一個人處於高頻的Alpha波狀態。在這個狀態下，人很容易能感受到外界給我們的信息，很容易接受語言的暗示，並不知不覺間潛而默化，印在大腦中。你可以嘗試在一些快入睡的人耳邊告訴他一些事，這個時候他的大腦正忙於準備入睡，無暇他顧，他會把所有你說的都吸收。舉例來說：你的妻子或丈夫快入睡，你在他/她的耳邊說一些事，他/她未必可以用意識回應你，反而會把這些內容都吸收，然後慢慢進入夢鄉。這些內容，他/她並不全然忘記，相反，這些記憶都印在他們的回憶之中，直至隔天你再提他們的時候，他們或許會有印象。

常言：「重覆的話要說三次。」專家言：「改變一個習慣需要21天。」研究說：「要成為一個領域的專家需要10000小時。」以上種種，都帶出了自我暗示是非常重要，因為這些暗示的確可以改變一個人、改變一些習慣、改慣一個世界、改變一個國家。

習慣是約定俗成的，中國人愛喝茶、印度人愛吃薄餅、日本人愛吃壽司，一個地方的風俗是由很多相同的人做相同的事，久而久之，成了習慣，成了模樣。在衛斯理小說《追龍》曾聽到「要毀滅一個大城市，不一定是天災，也可以是人禍，人禍不一定是戰爭，幾個人的幾句話，幾個人的愚昧無知的行動，可以令大城市徹底死亡。」從一個人的自己思想著手，往往最有效改變自己。

日常練習

睡前法

有一種自我催眠方法叫做睡前法，可以幫助我們提升自信及強化目標。這種方法就像當你在某處偶然聽到一首好聽的歌，雖然你不知道歌名或歌詞，但這首歌的旋律卻縈繞在你的腦海中，你會不由自主地反覆哼唱，直到某天你再次聽到這首歌時，你會自然而然地想起它，亦很容易可以唱出來，成為你人生的一部分。在睡前，我們的大腦都會進入意識模糊的狀態。這個時候，大腦最

易吸收一些簡單的指令。你可以在睡前，感覺到自己腦海一片空白，準備入睡時，嘗試以下方法：

1. 你只需要想像你的眼球有一些溫暖的膠水黏著，無論你想如何打開，也發現不能打開。
2. 跟自己說一句未來想完成的目標或者是一句正面鼓勵的話，如：「我一定會活得更好。」（記得只是一句，因為太多內容，太多句子，我們的大腦根本不能吸收。）
3. 當你每說一次以上句子的時候，把手指合上，直至十指手指也合上，以防睡著。如果你覺得還不夠強化，可重覆二十次或三十次。
4. 每天說同一句的說話，因為如果天天的目標不同，你永遠不能聚焦。當你的專注力集中在一點的時候，能量會隨之而來。
5. 你必須要緊記這個方法需要反覆練習。你要成為一個車手，你不會學一天駕車便做得到；你要健身，也不會一天可以有六嘴腹肌。
6. 念誦十次以上，直到你印象深刻為止。你可以持續這個練習，十天、二十天、甚至一百天，每天都重複這個練習，讓這個話語深植於你的潛意識中，並逐漸轉化為一種習慣。
7. 當你慢慢地將這些重複的話語灌輸於自己的大腦中時，你會發現你比以往更加集中精神，更有活力，更積極面對每一天的挑戰。因此，不要輕易放棄這個練習，堅持下去，你會發現自己的記憶力得到了明顯的提升。
8. 你也可以嘗試其他類似的話語，例如：「我一定會成功！」、「我一定能成就更美好的自己！」等等，讓這些積極的話語成為你生活中的一部分，幫助你建立更積極的心態，迎接更美好的未來。

自我對話

在輔導裡，我們很重視正面暗示與正面的自我對話（Positive Self-Talk）。人只要通過與自己不斷反覆交談，不經不覺間，你會帶出新的觀點。你可以嘗試與自己做一個簡單的實驗，內容是如何不用深究。你望著鏡子先用二分鐘

的時間與自己說一些負面的說話。如果你不懂如何開口，你可以對著鏡子裡的自己先say hi，然後展開對話，說出近來有那些事為你帶來負能量或有那些事煩擾你；最後，你再用二分鐘的時間與自己說一句鼓勵的說話，並感謝自己。你會發現，即是同樣是兩分鐘的時間，說正面的話比起說負面的話時間更容易過。人都有一種天生保護自己的機制，所以與自己說負面言語的時候，你的大腦會保護著你。我們都很害怕失敗，如果學生考試不合格，他可能會為自己找藉口：「因為我考試前一天還在打機，如果我不打機，我一定不會這麼低分……如果我有認真溫習，一定不至於此……」

那麼正面的字眼對一個人有多重要？有誰不愛被稱讚？即使是大話，我們也願意多聽。「你今天真的很美!」、「你真是一個好人!」、「我真的很欣賞你的為人!」人往往都愛吸收這些正面的詞語，而不愛負面的言語。

不知你有沒有照鏡的習慣？抑或自我對話的習慣。日本曾有一個節目，就是追蹤一個人連續30天，這個人要不斷向鏡子裡面的自己問10次「我是誰?」。到了第30天，那個人慢慢不認識自己，甚至開始有點瘋。這個實驗是真還是節目效果，相信很主觀，因為不同人或會得出不同的結果。但為甚麼會這樣呢？為甚麼望著鏡子的自己會變得陌生？難道自我對話會令一個人瘋掉？

照著鏡子，慢慢變得不認識自己，其實是一個很簡單的現象。

當我們重新接觸自己時，往往會發現自己處於第一人稱3D遊戲的狀態中，世界以「我」為中心，而「我」卻是消失的，我們很難看見自己，也難以想像我們在別人眼中是甚麼模樣。由於這種局限性，我們只能透過自己的想像去揣測別人眼中的自己，而這種想像往往會存在落差和扭曲，讓我們的臉模糊起來。

因此，鏡子是另一個「我」。我們可以利用「輔助自我」的角色，從更深更遠更寬闊的角度觀察自己，促成改變。其中一個方法是透過一面模擬的鏡子來幫助自己。

這個鏡子不僅僅是個物理上的鏡子，更是一個心理上的鏡子，藉由角色扮演的方式，讓我們扮演關係中的對方，來面對自己。在鏡子裡，我們是「觀眾」、我們是「主角」、我們也是自己人生的「導演」。

透過鏡子練習，我們可以從外部的角度看待自己，從而更深入地了解自己的行為和情感。這種方法可以幫助我們發現自己的強項和弱點，並從中學習如何更好地應對困難和挑戰。

心理學家 Robert Zajonc 曾提出重複曝光效應(mere-exposure)，即某物出現的次數越頻繁，就會刺激人們對於那個物品的喜好。這種現象讓我們習慣了某些事物，甚至將之合理化成為理所當然。然而，我們也必須認識到自己的想像存在落差和扭曲，可能不符合事實。因此，我們需要保持開放的心態，通過照鏡不斷地尋求不同的角度和觀點，以更全面的視野來看待自己和周遭的世界。

透過不斷地學習和成長，我們可以逐漸認識自己，發現自己的優點和缺陷，從而更好地應對生活中的挑戰和困難。同時，我們也需要保持開放的心態，不斷地尋求不同的角度和觀點，以更全面的視野來看待自己和周遭的世界。只有這樣，我們才能更好地理解自己和他人，實現自我成長和發展。

現在我可以和你做一個簡單的練習。這個練習，你每天也可自己進行。你可以慢慢閉上眼睛，用你的雙手撫摸你的頭髮、你的雙眼，以至你整個臉部。你可以每一個臉上的部分也慢慢撫摸。你可以在內心問一問自己有多久沒有這樣撫摸著自己？你臉上的皺紋有否多了？你的面部有否緊了？你慢慢打開眼睛，你望著鏡裡面的自己，你有甚麼正面的話、重要的內容與他說？如果有話，為何不說？你可以嘗試每天與自己來一個五分鐘的正面自我對話。

感魔法

成為五感魔法師，改變別人的看法：

五感是人們感知外界的主要途徑，因此巧妙運用五官可以幫助改變別人的看

法。以下是一些可行的方法：

1. 使用視覺刺激：視覺刺激可以影響人們的情感和觀點。例如，使用圖像、影片和圖表等可視化數據，可以幫助人們更好地理解和接受某些觀點。
2. 創造聽覺體驗：聽覺體驗可以引起情感共鳴和共感。例如，使用音樂、語言和聲音效果等，可以幫助人們更好地理解和感受某些情感和觀點。
3. 利用嗅覺刺激：嗅覺刺激可以引起情感和記憶的聯想。例如，使用芳香劑、精油和香氛等，可以幫助人們更好地感受和理解某些情感和觀點。
4. 利用味覺刺激：味覺刺激可以引發情感和記憶的聯想。例如，使用特殊的食物和調味料，可以幫助人們更好地感受和理解某些情感和觀點。
5. 使用觸覺刺激：觸覺刺激可以引起人們的感官體驗和情感反應。例如，使用材料和質地等，可以幫助人們更好地感受和理解某些情感和觀點。

　　總之，巧妙運用五官可以增強人們對情感和觀點的感知和認知，從而更好地改變他們的看法。

改變自己感受

　　例如我們身在一個十分之熱的夏天中午時，汗流浹背，渾身是汗。

　　我們可運用NLP來改變自己：

　　一個陽光普照的夏午，白雲在天空中自由自在地旅行，藍色的天空是快樂的回憶，熱力使我汗山如雨，雨後我渾身舒服，將自己一切的憂慮和痛苦，疾病和痛楚也一同排出體外，感到心輕如意，身輕如燕，渾身舒服，感到十分放鬆。香橙味冰涼的冰條、清新的海水味道和藍天白雲使我份外清涼，一股冰涼的感覺由心頭湧出，帶鹹鹹的海水味之清風吹來，將我帶進清涼碧綠的大海之中，播放沉沉的我，在沙沙的海浪聲和無盡的海鷗聲中，進入了快樂的心靈之中，一切都來得自然舒服，現在我感覺十分幸福，所有的煩惱都拋諸腦後！

Sensory Acuity and Rapport

人是用五感來與世界接通，也是用五感來構造世界，人和人之間的交流和溝通也是依靠五感。要有好的人際關係，首先要身邊的人建一個有效的溝通方法，NLP是有效透過語言來和別人的神經系統溝通的方法。

「共同性法則」- Synch-Integration

建立一個共同宇宙，你、我、他、人、事的
「共同宇宙」「Universal Universe」

「共同性法則」是人與人之間的黃金之橋
真誠、同理心、愛、修養、文化、好奇、知識等，正是「共同性法則」的關鍵！

「共言」共同言詞——

在對話中使用對方的用詞是一種有效的方式來建立親切感並快速建立良好的關係。以下是一些方法可以幫助你實現這一目標：

1. 觀察對方的用詞：仔細聆聽對方在對話中使用的詞彙和短語，以了解他們的語言風格和偏好。
2. 反饋對方的用詞：在回應對方時，使用與對方相似的詞彙和短語，這樣可以營造出共鳴和連結。
3. 適應對方的語言風格：注意對方的說話速度、音調和節奏，並試著調整自己的語調和節奏以與之相匹配。
4. 使用類似的用詞和表達方式：注意對方在表達想法或感受時使用的特定詞彙和短語，並在自己的回應中使用類似的用詞，這有助於建立共鳴和共同語言。
5. 尊重對方的用詞：表達對對方用詞的尊重和欣賞，這可以讓對方感到被理解和被接納。

6. 調整用詞的方式：如果對方使用的詞彙較正式或專業，你可以試著適應並使用相似的用詞，這樣可以增加彼此的共同語言和理解。

藉由使用對方的用詞，你能夠在對話中快速建立親切感，顯示出你對對方的尊重和理解。這種方法有助於促進互相的連結和共鳴，並能夠建立更快速和良好的人際關係。

共同肢體動作舉止

同呼同吸——當人與他人一起有共同的感受時，會產生親切感並建立良好的人際關係。這不僅僅是呼吸節奏上的共鳴，還包括思想、看法、表達方式、舉止和言行的同步。同呼同吸最簡單的方法是一起運動，一起跑步，一起打球，一起觀看比賽，一起歡呼，一起唱歌等等，都是促進共鳴的方式。

使用共同肢體動作舉止來建立親切感並快速建立良好的關係是一種有效的方法。以下是幾個可行的方式：

1. 鏡像效應：觀察對方的肢體動作和姿勢，試著模仿他們的動作，這被稱為鏡像效應。鏡像對方的肢體動作可以建立一種無意識的共鳴，讓對方感到你們之間的連結和親近。
2. 保持開放姿勢：在與對方互動時，保持開放的肢體姿勢，例如直立坐姿、展開手臂和雙腳平放。這種姿勢傳達出友好、開放和受歡迎的訊息，有助於建立親切感。
3. 身體語言的一致性：確保你的言語和肢體語言一致。這意味著當你說話時，適當地使用手勢、表情和身體動作來支持你的話語，這能增加對方對你的信任和理解。
4. 互動的觸碰：適當的輕觸和身體接觸可以建立親切感，但要謹慎使用，尊重對方的個人空間和界線。例如，握手、輕輕碰觸對方的手臂或肩膀，這些互動可以增加親密感和連結。

5. 笑容和眼神接觸：保持友善的微笑，並與對方保持良好的眼神接觸。笑容和眼神接觸能傳達出興奮和善意，有助於建立良好的情感連結。
6. 共同活動和運動：參與共同的活動和運動可以建立親切感和快速建立良好關係。一起做運動、玩遊戲或參與團隊活動，這些互動能促進合作、互相配合和共同體驗，從而建立更強大的連結。

　　藉由使用共同肢體動作舉止來建立親切感，你能夠增加與他人的連結和共鳴，並促進快速建立良好的關係。這些方法強調了身體語言和互動的重要性，讓你能更有效地與他人建立情感和親近的聯繫。

「共體」共同身體經驗

　　你和我是同一體，「合作」「一起」「配合」是「共體」的靈魂。一起合作共事為一系。例如打球，無論對打或合作也是「你我一系」，「你我同一體」的行為，無間合作、互相配合、彼此補足、眼中有你、心中有我，無分彼此。當你和我結合成同一體時，關係自然良好，而且非常好!

　　使用共同身體經驗來建立親切感並快速建立良好的關係是一種有效的方法。以下是幾個可行的方式：

1. 共同運動：一起參加運動活動，例如一起跑步、健身、打球或做瑜伽等。共同運動可以建立共鳴和互相支持的感覺，同時增加身體上的接觸和共同體驗。
2. 合作動作：參與需要合作的活動，例如舞蹈、合唱團、團隊建設等。這些活動要求彼此配合和協作，通過共同努力達到共同目標，這有助於建立信任和良好的互動。
3. 共同冒險：參與冒險活動，例如攀岩、野營、漂流等。共同面對挑戰和風險的經歷可以促進彼此的連結和信任，並建立共同的回憶和故事。
4. 舞蹈和身體表達：參加舞蹈班或身體表達工作坊，透過身體的動作和表達來與他人建立聯繫。這些活動可以增加身體的覺知和感受，同時促進共同創造和互動。

5. 擁抱和握手：適時地使用擁抱和握手，以表達親切和歡迎。這些身體上的接觸可以增加親密感和連結，但要謹慎尊重對方的舒適範圍。
6. 共同放鬆：一起參加冥想、瑜伽或放鬆練習。透過共同的放鬆經驗，可以減輕壓力並促進情感的平靜和連結。

通過使用共同身體經驗來建立親切感，你能夠在短時間內與他人建立深層的連結和互動。這些活動促進身體和情感的共鳴，同時增加相互理解和共同體驗的機會，從而快速建立良好的關係。

「共感」共同情感體驗

你的快樂也是我的快樂，你的苦也是我的苦。「身同感愛」是同體的主要概念。也許是佛家的慈悲，同時也是一種同理心。我們可以使用一些魔法詞語，例如「我明白你的感受」、「我感同身受你的痛苦」、「我知道你希望甚麼」、「我們的心靈相通」等等，透過催眠學中的安裝技巧，進入他人的內心世界，深入地成為「他們」，達到共體的狀態。在這時，我們的關係就建立起來了！

使用共同情感體驗來建立親切感並快速建立良好的關係是一種有效的方法。以下是幾個可行的方式：

1. 共同分享：在對話中分享自己的情感和經歷，並鼓勵對方也分享他們的情感。這種開放和真實的交流可以促進彼此的理解和連結，建立親切感。
2. 共同慶祝：參與共同的慶祝活動，例如生日派對、節日慶祝或共同達成的里程碑。這些共同慶祝的經驗能夠增加歡樂和連結感，加強關係。
3. 共同悲傷：在面對困難時，表達對對方的同情和支持。共同面對悲傷或挫折的經歷可以增加彼此的共鳴和連結，建立情感上的親近。
4. 共同興趣和嗜好：找到共同的興趣和嗜好，並一起參與相關的活動。這樣可以增加共同話題和互動的機會，促進情感上的共鳴和連結。
5. 同理心和支持：表達對對方情感的理解和支持，傾聽他們的需求和挑戰。這種關心和關懷可以建立共同情感體驗，增加親近感和互助。

6.創造共同回憶：參與共同的活動或旅行，創造美好的回憶和共同的經驗。這些
   共同回憶可以成為連結的紐帶，增強關係的親密性。

　　通過使用共同情感體驗來建立親切感，你能夠在短時間內與他人建立深層的情
感連結和互動。這些方法強調了共同情感的重要性，通過分享、支持和共同經歷來
建立親密感和信任，從而快速建立良好的關係。

「共趣」共同興趣

　　打破人與人之間的隔膜最好的方法就是找到共同興趣。當人與人之間存在隔膜
時，如果突然找到共同興趣，這個隔膜就會迅速被打破，可以在短時間內建立許多
話題。這樣的共同興趣可以讓人從完全陌生變得十分信任，短時間內就能打破隔
膜，共同興趣是打破人與人之間隔膜的最佳方法。例如，你喜歡打羽毛球，我也喜
歡打羽毛球，我們可以在打羽毛球時找到許多話題，進行交流和溝通，找到共同的
興趣，彷彿我們已經相識多年！就好像在羽毛球上曾經對打過或一起合作過。

　　這種親切的感覺可以在共同興趣下突然產生共生共存的意識。親切感可以在短
時間內建立起來，當有許多話題產生時，我們可以從完全陌生變得彼此十分信任，
短時間內就能打破人與人之間的隔膜。共同興趣是最好的方法！

　　如果你喜歡打羽毛球，我也喜歡打羽毛球，我們可以在打羽毛球時找到許多共
同的話題和興趣，彷彿我們已經相識多年，好像曾經在羽毛球上對打過或一起合作
過。這種親切的感覺可以在共同興趣下突然產生。共同興趣的力量就是在一瞬間打
破人與人之間的隔膜，並產生親切感！

　　使用共同興趣來建立親切感並快速建立良好關係是一種有效的方法。以下是幾
個可行的方式：

1.尋找共同興趣：探索對方的興趣和愛好，尋找與自己相似或相關的領域。這可
   以提供共同的話題和互動的機會，從而建立親近感。

2. 共同參與活動：一起參加興趣相同的活動或社群，例如參加同一個俱樂部、參與志願服務或參加興趣班。透過共同參與活動，可以增加交流和互動的機會，建立共同經驗和回憶。
3. 互相分享知識和經驗：在交流中分享自己對該興趣的知識和經驗，同時也聆聽對方的分享。這樣可以建立彼此的尊重和互相學習的氛圍，增加親近感和連結。
4. 一起探索新事物：一起嘗試新的興趣或活動，共同探索未知領域。這樣可以創造共同體驗，增加新奇感和連結感，並加強關係的親密性。
5. 互相支持和鼓勵：在彼此的興趣領域中給予支持和鼓勵，分享對方的成就和努力。這種互相支持能夠建立共同成長和相互關懷的關係，增加親切感和信任。
6. 持續互動和交流：保持定期的互動和交流，例如定期聚會、交流活動或在線討論群組。這樣可以建立穩定的連結，深化關係並維持親切感。

通過使用共同興趣來建立親切感，你能夠在短時間內與他人建立共鳴和連結，進而快速建立良好關係。重要的是發現並尊重對方的興趣，並以互相支持和互動為基礎建立深層的聯繫。

「共賞」共同欣賞事件

讚賞別人身邊喜歡的事或物是拉近人與人之間距離的最佳方法，因為當一個人喜歡或欣賞一樣事物時，就彷彿將自己與那件事物聯繫在一起。如果你欣賞他喜歡的事物，就像在欣賞他本人一樣。這樣的關係必定能迅速建立起來，並不斷改善。

例如，當你看到他穿著一雙漂亮的鞋子時，你可以讚美他的鞋子，就像外國人常說「Nice shoes」。又例如，當你看到他有一個新的髮型時，你可以讚賞他的髮型，他會因此感到高興和開心，就好像你在欣賞他本人一樣。還有，如果你看到他戴著一只漂亮的手錶，你可以讚美他的手錶，同時欣賞他的品味，這樣可以快速建立起良好的關係。

「欣賞」能讓「共賞」成為建立良好人際關係的最佳方法。
共同欣賞事件是建立親切感和快速建立良好關係的有效方法。以下是幾個可行

的方式：

1. 共同參與活動：一起參與某個事件或活動，例如音樂會、藝術展覽、電影欣賞等。在共同的經歷中，你們可以一起欣賞事件帶來的美好，這能夠增加共鳴和連結感。
2. 共同討論觀點：在對話中分享彼此對事件的觀點和感受。這樣可以促進理解和共同感受，建立情感上的連結。
3. 互相分享感受：表達對對方的欣賞和感謝，分享事件中對自己的正面影響。這種互相欣賞和肯定可以增加親切感和信任。
4. 共同回憶和笑話：在事件後回顧並分享共同的回憶和笑話。這樣可以創造共同的內部圈子和連結，並加深關係的親密性。
5. 共同學習和成長：從事件中學習和成長，互相支持和鼓勵。這樣可以建立共同成長和相互關懷的關係，加深親切感和連結。
6. 持續互動和分享：保持定期的互動，分享相關的新聞、活動或想法。這樣可以持續建立共同欣賞事件的環境，加強關係的連結。

　　通過共同欣賞事件，你能夠與他人建立共鳴和連結，快速建立良好的關係。重要的是展示對對方的欣賞和尊重，共同體驗和分享帶來的正面效果，從而建立深層的聯繫和快速建立親切感。

　　在愛情的世界裡，我們可以應用一些清醒的催眠及NLP的技巧，如：同步(Pacing)、模仿對方，一些Mirroring 的手法，如：遣詞、動作、呼吸⋯⋯然後是配合(Matching)（ 與對方採取相同的外在行動與說話方式）。最後是Leading 引導(改變自己的說話/ 行為模式，從而誘導對方進入自己的行動/ 思考的過程)。

*一頓飯的理論

　　在一個飯局裡，你可以先嘗試同步對方的呼吸，跟隨對方的節奏，如一個拳手，能讓對方進入你的節奏，跟隨你的步伐，你便可以控制拳擊的節奏，找到一個合適的切入點，便可以出招。當你找到與對方共同的話題，你們的語

速、聲調大小、內容也開始慢慢同步，這樣對方會不知不覺間跟隨你的節奏，然後你就可以把聲調加快或放慢，看看對方是否與你同步。如果你能做到彼此同步，相信你已經可在「一頓飯」裡建立關係。反之，對方完全不能跟隨你的節奏，也未能如你的內容同步，這樣，你可以選擇在「一頓飯」後再調整策略，或者想想是否應該繼續……

（一頓飯的理論節錄自：《催眠師的秘技-戀愛心法》，頁18。）

鏡性神經元（Mirror Neurons）

鏡性神經元（Mirror Neurons）是一種神經細胞，其活動模式在觀察和執行特定動作時被激活。最初在研究猴子時發現，當猴子觀察到其他猴子執行動作時，它們的腦中的鏡性神經元也被激活。後來的研究表明，鏡性神經元在人類大腦中也存在。

當我們看到、聽到、感到或想到某事時，我們的腦中有一種「身同感受」的感覺，即使我們實際上並未親身經歷，只是在旁聽、觀察或想像，我們也會產生一種「親身體驗」的感受。這種功能正是人類文明進步的主要原因之一。

鏡性神經元被認為與模仿、模擬和理解他人行為的能力有關。當我們觀察到他人進行某個動作時，鏡性神經元的活動模式被激活，仿佛我們自己在執行該動作一樣。這使我們能夠感同身受，理解他人的意圖和行為，並與他人建立共鳴和連結。

當我們看到他人快樂時，我們也會感到快樂；當我們看到他人痛苦時，我們也會感到心痛。我們天生傾向於一起行動，這種共同行動可以帶來更大的快樂感，例如一起打球、跑步、合唱。我們的快樂會因此倍增！兩人一起行動，快樂倍增；三人一起行動，快樂倍增，以此類推，效果無窮大。

鏡性神經元在人類社會互動、學習和語言習得中扮演著重要角色。它們有助於我們模仿和學習新的動作和技能，也有助於我們理解和推斷他人的情感和意圖。進一步的研究還發現，鏡性神經元在語言、情感和社會認知方面也起著重要作用。鏡性神經元讓我們「不需親身經歷也能感同身受」，它們讓我們的人生經驗可以得到擴大，從而實現快速進步！

鏡性神經元的發現對於理解人類社會行為和情感共鳴機制具有重要意義。它們提供了一個神經基礎，解釋了為甚麼我們能夠感同身受、模仿和理解他人，進而促進社會互動和共鳴。

神經語言程式學通過語言能力將我們的意識帶到不同的境界，經歷不同的情境，形成不同的體驗，從而擴大我們的世界。因為我們具有鏡性神經元，所以可以透過想像真實地感受，與世界上不同的人和事產生連結，擴大我們的意識和經驗。

鏡性神經元在人際關係上的用途

鏡性神經元在人際關係中有幾個應用，以下列舉幾個例子：

1. 情感連結：鏡性神經元的作用使我們能夠感同身受，理解他人的情感和狀態。這有助於建立情感連結和共鳴，增進人際關係的親密度。當我們能夠模仿和理解他人的情感表達，表現出理解和關心，對方會感到被理解和重視，進而加強互相的連結和關係。
2. 傾聽和溝通：鏡性神經元的概念可以應用於傾聽和溝通技巧中。通過模仿對方的非語言表達，例如姿勢、表情和手勢，我們可以表現出對對方的關注和共鳴，進一步加深溝通的效果。同樣地，理解對方的語言和用詞風格，並適應他們的語言模式，也有助於建立更好的溝通和理解。
3. 親和力和好感：鏡性神經元的作用使我們能夠建立親和力和好感。通過模仿對

方的肢體動作和舉止，例如微笑、眼神接觸和身體姿態，我們可以表達出對對方的喜愛和共鳴。這種親和力和好感有助於促進良好的人際關係和互動。

4. 同理心和共鳴：鏡性神經元的概念有助於培養同理心和共鳴能力。當我們能夠理解和模仿他人的行為、情感和狀態時，我們能更好地與他們連結和理解，進一步促進共鳴和情感連結。這有助於建立更深層次的人際關係和互動。

需要注意的是，鏡性神經元的應用應該基於尊重和眞誠。我們應該尊重他人的獨特性和個人空間，不僅僅是盲目模仿。同時，建立眞誠的人際關係需要更多元的元素，包括尊重、信任、共享價值觀等。鏡性神經元只是其中一個能幫助我們理解和連結他人的工具。

感覺敏銳度和關係

再說感官，我們活在感官世界中，由官到覺再直入意識到靈魂深處又再進入超意識達到境之性。

看起來很複雜，但其實道理很簡單，萬事都從感官入手。人們依靠五感或六感來感知外界的世界，從聲音、視覺、嗅覺、味覺、觸覺以及心理感受的過程，進入到對事物的認知和理解。我們所看到的、聽到的、嗅到的、品嚐到的、觸摸到的，都是構成我們意識的基礎。

催眠師/NLP執行師可以利用語言牽動你的感覺，在沒有眞實刺激的情況下產生疑似眞實的感覺。我們懂得幻想、構想、想像，透過我們的眞實感受在大腦中呈現，再透過鏡性神經元的作用，意識可以形成眞實的經驗。

例如，催眠師/NLP執行師僅通過說話，讓人們感受到醉酒的感覺，而個案只是坐在那裡，甚麼都沒有。關鍵在於個案是否專注且全情投入，即使只是在聆聽說話。

模擬練習

NLP執行師／催眠師的說話

你慢慢來合上雙眼，從遠至近，你……看到一瓶酒，一瓶你最愛的酒，你愛的酒是甚麼顏色?紅酒或是白酒?有你最喜歡晶瑩的酒杯在旁邊，浪漫的氣氛，瀰漫着愛嘅感覺，悠揚的歌聲，又正是你最喜歡的，一陣清幽的花香由風帶來，你慢慢地坐下來，很舒服的沙發上，很舒服的沙發上，軟脸脸(軟淋淋)好舒服!正直你今天很有心情喝酒，你拿起酒瓶將紅酒倒落晶瑩酒杯中，酒香確定直接進入你嘅靈魂之中，慢慢品嚐再品嚐又品嚐，這種醇厚的感覺由舌尖到舌旁，由舌旁到舌低再重新整個口腔，進入身體內，這入血入骨入魂的酒，在我的世界裡產生濃烈酒意，我一杯、兩杯、三杯、四杯地喝。酒入腸入魂，我感到全身放鬆、人如泥傾瀉般塌下，天旋地轉地身不由己，世界變得模糊，感覺變得遲鈍，很慢很慢很慢……很慢，頭痛且暈，光成一條條，一條條，一條條……線，聲音聽起來好像是音又似歌……所有事情變得不緊要，時間開始停頓，我彷彿離開了我的身體進入了一個無重嘅狀態，我醉了……

只要個案能投入專心聆聽，產生畫面就甚麼不需要就能醉嘅感覺，不用喝酒，也能灌醉!

12句 NLP黃金之句
(NLP12 Golden Sentence)

1.地圖非疆界。

The map is not the territory -- To transmit understanding, you have to gain access to the map of the other person.

地圖是我的認知的世界，疆界是完全眞實的世界。

地圖是一個「變數」是隨時可以改變，而地圖中有不同的路，而路也在不同時間中改變。

疆界是一個「常數」，永遠都不要改變的，是恆常的數。

我們五感所認知的世界並非「眞實」的世界，也許「眞實」在我們認知中只是一個虛詞，因我們的「世界地圖」只可以盡量接近眞實的疆界而不能完全等於疆界。

2. 沒有敗，只有應。

There is no failure, only feedback.

在溝通相處或治療過程中，沒有甚麼挫敗，所有的結果都是一個回應。在過程中對象就著我們的舉動或說話而回應，無論甚麼回應是正面、負面或沒有都好，我們從他的反應也會得到很多的資訊，由他的表現使我們更有效地推算出他的內心深處情景，每一個回應都寶貴及有用的資源，作爲我們治療或溝通之用。所以沒有敗，只有應，而應就是成果也。我們應着眼於回應非成敗。

3. 溝通即回應，回應即溝通。

The meaning of communication is the response one gets.

甚麼是溝通？其實很簡單，對方就你的說話、文字、行爲，所出回應這就是「溝

通」。甚麼是「回應」?其實就是沒有回應也是一種「回應」。所有溝通的過程都存在著很多有用的資訊,我們可以在「溝通」與「回應」中獲得很多有用的資訊。由此可見,只需要我們踏出溝通的第一步,我們就會獲取很多有用的資訊。

例如說聲「我愛你」你將會獲取很多的資訊,如果我們常常吝嗇行出溝通的第一步,那就會錯失很多溝通的良好機會,也不能獲取你想要的資訊。

4.世上沒有完全相同的人。

No two persons are the same.

世上沒有完全相同的人,所以我們面對甚麼人或事時也制定出不同的策略和處理手法,只有這樣才能有最好的效果,如果我們對任何人或對任何事都只用同一套的方法,結果是一定不會理想的。

5.只有彈性的人,才能掌握任何系統。

In any system, the most flexible person has the control.

世上存在的系統是複雜,而且變化多端的,如果你是一個一成不變的人,你就不能夠掌握任何系統,但如果你是一個很有彈性的人,你就能夠在任何系統中掌握其操作的要決,從而很容易加與任何系統而成就自己。

6. 有效果比有道理更重要。

Usefulness is more important.

一個事物的實際效果或成果比其理論或邏輯上的合理性更為重要。儘管一個觀點或方法可能在理論上合乎邏輯,但如果它無法實際產生實際效果或解決問題,那麼它的價值就相對較低。如果一場公司會議重點可以用15分鐘便完成,那麼公司的管理層無需花3小時的時間談一些無關痛癢的內容。

7. 重複一樣的做法，就只能得到重複一樣的結果。

Repeating the same behavior will repeat the same result.

世上沒有一件事是相同的，如果我們處理的手法永遠都是一模一樣的話，結果就只會得到一模一樣的結果甚麼事情也處理不來？。

8. 所有別人能夠做到的事，我們也可以透過學習而做到。

If one person can do something, anyone can learn to do it.

世上並沒有天才就只有訓練，因為世上無難事只怕有心，只要我們能夠專心一致聰明地訓練自己，甚麼困難的事我們也能夠做到。唯一不能做到的事就是我們從來沒有開始過的事。

9.專一集中，就是能量。

Energy flows where attention goes.

能量的出現，就是當我們集中精神做事時。當我們發揮得最淋漓盡致之日，就是專一集中之時

10.我們所有的行為，都是我們當時這一刻最好的選擇。

Every one chooses the best behavior at the moment.

我們每日面對所有的事物而作出的反應，其實都是在一瞬間之下所擁有極有限的空間、時間及資源下的最好的反應。

11.每一個人都具備我們所需的資源。

Every one already possesses all the resources needed.

其實我每一個人都擁有強大的內在資料，這些資源可以幫我們解決日常生活的所有問題。例如：如何獲得「快樂」？方法就是我們的內在資源，我們其實懂得如何使自己快樂，問題就是你是否能夠懂得運用你內在資源使自己快樂。而這個「懂得」「方法」就是快樂的資源。

12.所有行為背後的動機都是正面的。

There is always a positive intention behind each behavior.

每一個人所作出的任何行為，對他們自己來說都是正面的。因為每一個人所作出的行為都是為自己，希望使自己得益，希望使自己能夠獲取最大的益處，可能最後結果不是最好，但其動機對他們自己來說都是正面的。

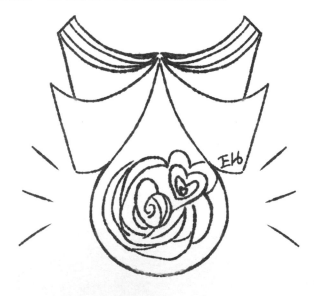

第七章
NLP框架

甚麼是框架?框架是一個系統的基本原則、概念、邏輯、結構及流程。所以要完全了解NLP首先要明白其框架。

挑戰與回應

萬事萬物都離不開挑戰與回應。Action and reaction,是一個物理定律,NLP就一門挑戰與回應的學問。

當有人行動Action(A)而你有所認知,而作出反應Reaction(R)這就是一個事情的互動發生。NLP就是在AR中的巧妙詮釋及技巧而得到最佳的效果。

NLP框架理論

Action →Technique 技巧 →Ecology 均衡的系統[制度等] →Outcome 結果 →Rapport 關係的建立

NLP應用的基礎活用詞彙及聯想錦囊分享

正如前所言,NLP有不少金句,當你掌握不同的金句,你就可以延伸無限的正向信念。以下為NLP應用的基礎活用詞彙及聯想錦囊分享:

NLP應用範例／無限聯想

#001
每個人都是獨立的，沒有兩個人是一樣的。
正正因為如此，我們才會不一樣，也成就不一樣的我們。
No two people are the same.

#002
我們不能控制別人，
卻能好好控制自己。
若能好好控制自己，
就能影響身邊的人。
One person cannot change another person.

#003
有一件事如果能夠用一小時完成，你卻花上二十四小時，就算方法更為正確，可
是你已浪費了二十三小時。
Effective is more important than righteousness.

#004
你有沒有試過，深夜時，獨自舔着埋藏已久的傷口？
你以為他的心即使過了這麼多年還在，其實一直、一直也是你自以為。
這個世界，只有感官經驗塑造出來的世界，沒有絕對真實的世界。
The Map is not the territory.

#005
溝通的意義，在於對方的回應。
如果我們得不到回應，又如何稱得上溝通？
你的態度決定了我的回應。

有意義的溝通，比起一切更重要。

The meaning of communication is the response one gets.

#006

晚上腦海億條路，醒來走回回頭路。

爲何會有歷史？

因爲可以反省過去，努力未來。

爲何會有新發明？

因爲突破求變。

爲何要分手？

因爲已經好痛、好辛苦，放手，然後發現下個更可愛。

重覆舊的做法，只會得到舊的結果。

你的新方法呢？

Repeating the same behavior will repeat the same result.

#007

凡事必須有至少三個方法。

只有一個選擇，與食屎無別。

兩個選擇，只是「一嚿」和「兩嚿」的分別。

如果第三個選擇也是屎，那麼你只好認命。

不過有沒有人想過第四、五、六、七個選擇呢？

#008

每一個人都選擇給自己最佳利益的行爲。

如果我只有十蚊，我只可以食一串魚蛋。

如果我有一百蚊，我可以選擇食十串魚蛋，或者去食更好嘅嘢。

我們是否都在有限條件，作出最佳選擇呢？

你的最佳選擇呢？

#009

每個人都已具備使自己成功快樂的資源。

你有權選擇不快樂,即你亦有權選擇快樂。

你是否24小時都唔開心?

瞓教呢?食飯呢?每一秒都係?

意義需要自己賦予的,你只需要自己去尋找一個快樂的意義;)

Every one already possesses all the resource needed.

#010

在任何一個系統裡,最靈活的部分便是最能影響大局的部分。

有沒有發覺很多人所具有的知識、能力、擁有的資源也是相若,爲何別人總可以比你走得更前?

因爲他們更靈活。

這個世界沒有完美的事情,只有更完善的事情。

爲何手機不斷有新款?

不是舊的不好,而是有更完善的手機。

In any system, the most flexible person has the contral.

#011

沒有挫敗,只有回應訊息。

溝通不在於沒有意義的回覆,也不在於只是怒斥和投訴,更重要的是得到別人有效的回應。

有效和適當的回應,才是解決問題的最好方法。

下一次,除了斥責外,還可以有其他方法處理問題?

There is no failure, only feedback.

#012

動機和情感總不會錯,只是行爲沒有效果而已。

一個人的行爲可以裝出來。

快樂與不快樂,也總可以角色扮演。

但一個人做一件事背後的動機與他所表達出來的感情，卻很難可以裝出來。行為只是很表層的事，下一次，你可以從別人的情感和動機著手，尤其是你的愛人。

#013
每一個人都有屬於自己的感官世界，而總有一種感官特別強烈。
閉上眼，想像一個人，你是想起他的衣裝、聽到他的聲音，還是記起與他一起的感覺？
視覺型的人，都是以他們的眼睛去看這個世界。

#014
有時候，耳朵比眼睛還重要，很多東西用耳朵聽比用眼睛看好，一個人假裝開心，但聲音就裝不了。細心一聽就知道了。——王家衛《春光乍洩》
有些人，聽覺比起一切較為靈敏。
眼見未為實，所以他們喜歡聽。
只要用心，聽着聲音去感受，一切都可感覺到。
聽覺型的人，都是以他們的耳朵去「聽」這個世界，聽別人語調、聲線、聲音的高低起伏，也聽別人的內心。
只要細心，一個人開不開心，很容易聽到。
視覺型的人一般都較少，你是屬於視覺、聽覺或是觸覺型的人？

#015
有些人，必須要哭，才真真正正感受到自己真的存在。
有些人，一直、一直憑直覺做事。
女人的直覺雖未必為實，但卻能預示到一些事情。
這個男人，可不可信？
這個男人，有沒有說謊？
這個男人，是否值得信賴一生？
感覺型的人，都是用內心去感應這個世界，他們憑感覺做事，只用理性，而不用邏輯。

你又屬於哪一類人？

視覺、聽覺，還是觸覺？

#016

眼見未爲實。

要認識一個人，必先留意他身體給予的線索，如：眼球的轉動、身體動作、微表情等。

加州大學洛杉磯分校心理學教授Albert Mehrabian的研究指出：

有55%溝通靠的是肢體語言、38%來自語調，只有7%才是來自我們所說的話。

認識一個人，觀察眞的很重要。

記得留意他的線索：觀察、觀察再觀察。

Accessing cues.

#017

「你回家後做這個動作一百次，一千次。直至你每次瞄準的目標都準確。一開槍就只有一個目的，就是要贏!」——張國榮《鎗王》

模仿眞的很重要，通過不斷模仿成功的人、卓越的人、不會放棄的人，而且不斷反覆練習，你就可以做得到。

如果你覺得很難的話，先做他們的身體位置、表情、語言變化學習，久而久之，你便可以嘗試代入他們的思維模式去想事情。

Analog change.

#018

你要爲自己設立一個心錨(Anchor)。

心錨是指每個人心入面都會有一個屬於自己的按鈕，例如：你緊張時會手心冒汗、見到暗戀的人時會不由自主地心跳加速、開心的時侯會唱出某一首歌。

心錨其實是可以自己建立的，而每一個人都不同，你可嘗試在感覺世界的同時，嘗試找出一個屬於自己的專屬按鈕。

例如：

你緊張的時候不需再手心冒汗，反而令自己不要緊握拳頭，盡力放鬆雙手、見到暗戀的人心跳依然加速，不過可以試著以微笑代替無話可說，開心的時候，閉上雙眼，牢牢記住這秒：一個愉快的景象或事情，在下次傷心失意之際，亦可重新想像這個愉快的畫面。

你可以盡可能用所有的感官世界建立心錨，用你的眼睛感受世界的眞實。

Anchor referred to a trigger.

#019

爲了建立一個屬於自己的心錨（Anchor），你可以代用不同的畫面，嘗時代入，並產造出不同的反應。

如上篇所言：

心錨是指每個人心入面都會有一個屬於自己的按鈕。

你可以想一想當你面對一件事的時候，你會有哪一些屬於自己言語（verbal）或非語言（non-verbal）上的表現。

就如當我們不善於做匯報的時候，我們會變得緊張。

在言語上，我們可能會不斷唉聲歎氣，說話斷斷續續。

在非言語上，我們身體可能會不由自主地搖頭抱手，心跳加速，不想說話。

心錨其實是可以自己改變的，下次匯報的時候，說到重點時，你可以大聲說出重點，不重要的可以細聲一點。

當你的心跳依然加速時，你可以嘗試用不同的姿勢代替說話蓋過緊張。

如：用雷射筆指著螢幕上的重點，調整一下身體或弄一弄襯衣的衣領，這樣，你就不會過份緊張。

閉上眼，你可以預先模擬場景，建立不同的心錨。

Anchor can be established by verbal or non-verbal means .

#020

回溯是指用不同的方法，如：催眠、NLP、時間線治療等回到屬於自己不同的過去。

逝去的感情，我們無法留住，遺憾很多，物是人非，人去樓空；

逝去的人，我們有話未說，有很多的遺憾。

回憶多麼美，而活著有時很狼狽。

通過回溯，我們可以嘗試與過去對話，重新認識世界，賦予不同的內在意義。

過去不能改變，但我們可以以成熟的我們，去擁抱過去屬於我們的世界。

Backtrack is to review or summarize.

#21

NLP很強調靈活性。

溝通的意義在於別人的回應，所以能夠靈活與人溝通，的確是一種學問。

在與人溝通時，我們亦可以想一想如何取得對方回應。

逆向思維就是一種常規思維不同的方式，往往是把想法倒轉來思考問題，這樣可能往往會得出新的結論，擴闊你的視野與思考。

絕大份人都是按常理想問題，但其實逆向思考可以讓你多走一步，走出格式化的疆土。

曾聽過一個法則叫哈桑借據法則。

一位商人向哈桑借了2000元，並且寫下借單，但哈桑不見了借單，最後他的朋友建議他寫信要求商人還2500元，最後，借錢的人提出會盡快歸還2000元而不是2500元。

遇到溝通上的問題時，我們其實可以靈活地回應。

Behavioral flexibility.

#22

NLP很強調改變。

能夠快速改變一個人的狀態從不容易。

這個時候，假裝法就很有用了！

假裝是指你必須假裝自己成功。

假設我叫你去教書，你從沒教過學生，也沒有教育文憑，你會覺得很緊張，甚至不能成為一個教師。

相反地，假如我告訴你，叫你嘗試假裝自己是一個老師，你可能會覺得很好玩，甚至會嘗試代入角色。

假裝自己能成功，你最後真的可以成功，從今天開始假裝自己完成一件事，並設法以一種玩的心態完成，這樣你可能可以快速改變自己的狀態。

Breaking state.

#23

去猜度人心，是很難的事。

現今科技有測謊機、人工智能等技術，依然沒法完全「閱讀」他人內心。

但是每一個人的內在都有既定程式去完成一件事，或者特定的「公式」去應對問題。

心理學有一個內在反應，稱為"ideomotor response"，一譯「念動反應」。

這是指人很易會選擇慣性去應對一件事，而身體皆有信號回應。

就如：我們一遇到困難，身體很自然會搖頭。

但如果我們為自己建立相應的反應，例如：遇到問題時，我們都可以「反常地」豎起拇指，給予一個"GOOD"。久而久之，這個反應會變成一種習慣。

如果你能夠閱讀別人言語及非言語的暗示與反應，你更能估計一個人的行為。

如果你能夠通過觀察，去閱讀人的內心，你就更能了解一個人。

Calibrate is referred to "read" one's inner states.

#24

找出喚醒一個人動機的觸發點是很重要的。

在現今社會裡，知識泛濫(information overloaded)掩沒了很多人內心的感受，而人類總是無法追隨自己內心或專心一意去做一件事。

但是每一個人的內在總有一些內心的感受，會給予一些專屬自己的回應，而這些回應必須通過自己與內心進行互動而找出來。

當我們自己找到自己的「回應」，並化為行動，就可影響身邊人。

例如：我們希望追求身心靈的充實，去報讀一些身心靈課程，探索自己內心一些難以處理的問題。

久而久之，在潛而默化下，我們可能會改變了自己，與自己進行更多內心對話，繼而影響身邊更多人。

我們需要時刻循環地與內心深處交流，並不斷校準自己內心，便可找到答案。

Trigger specific response in oneself.

#25

找出一個人一生不同時間發生的事，然後逐一連結或擊破，可以處理一個人的問題。

在現今社會裡，每個人都有不同的情緒問題，而當情緒氾濫時，總不知怎樣處理。

如果我們可以以時間回溯(time regression)的方法，找出過去不同的觸發點(trigger point)，世界會否不一樣？

當我們自己找到自己的「原因」，並擁抱過去，世界可能從此不一樣。

例如：我們小時候不懂人情世故，總是犯錯，給大人責罵，現在，成長的我們會否有不一樣的處理？

閉上眼，我們可以追溯一個感覺，並且追隨這個感覺「順序地」回顧我們的人生，回到不同的時間點上，便可找到問題根源。

Firing anchors sequentially.

#26

你會用甚麼方式來呈現自己的語言？NLP有五感。

五感(VAKOG)是指：「Visual(視覺)、Auditory(聽覺)、Kinesthetic(身體感覺)、Olfactory(嗅覺)、Gustatory(味覺)」。

與人相處，我們都很講求感覺。

Visual(視覺)：一個人的外觀？形象？想在別人心中呈現一個怎樣的自己？

Auditory(聽覺)：說話的大小聲？音調？語氣？語言？

Kinesthetic(身體感覺)：身體接觸，如：握手？在適當的時候有一些動作，如：托住眼鏡、整理衣袖？

Olfactory(嗅覺)：香水？氣味？

Gustatory(味覺)：刺激身體的味覺？食物的味道？

你如何呈現自己，別人就如何解讀。

五感是和別人溝通的頻道。

Five senses and representational systems.

#27

弗洛伊德的學派指出了童年對一個人的影響可以在嬰兒期出現。

每個人都會有喜、怒、哀、樂的感覺，但我們難以意識到爲何會形成今天的我。

催眠中的時間線及完形治療就是替我們找回原始感覺，從最初的感覺入手。

過去不能「改變」，但我們可「擁抱」過去，用現在成熟的我，擁抱過去的我，用成熟的我再去看問題，檢討過去，努力現在，展望將來。

找出屬於你的「心結」，並嘗試用不同方法探索你的錨點（anchor），然後加以瞄準，對症下藥，這樣你可以準確地處理一個又一個屬於你的問題。

Firing Anchors.

#28

Congruent ，即中文所說的一致性。

如再細緻地說，我們可說成內外如一。

在現今社會，我們很難做到一致性。

輔導中的一致性並不是指盲目追求一致，而是盡量把自己達至內如如一，

例如：

我們不認同別人吸毒，但你需要和案主交談，你不需盲目認同他們的觀點或有違自己價值的事。

你可以找出他/她值得注意或做得好的地方，並嘗試用不同方法作介入。

例如：他 / 她不會二十四小時吸毒，你可善用並找出可以幫助他們的內在資源。

他總會有做得好的時候，他很關心他的子女，並很關心子女的成長，不希望他們也會吸毒。

這樣，你可以欣賞他們作爲父母，而付出的努力。

你可加以肯定他們做得好的地方，並以此作爲他們的戒毒動力，從中「認同」及「接納」他們的好。

這樣，你雖不完全認同他們的行爲，卻能做到內外如一，並嘗試接納他們。

Congruent refers to one's inner mind so as to achieve agreement and work together.

#29

每一個人都有複雜的思緒。

NLP中假設了我們的說話內容及意識佔不到一個人的10%，而大多都是無意識表達，包括語言、聲調、身體姿勢就佔了我們所理解的八成以上。

在現今社會，我們更不能單從一個電話傳來的短訊或一些經修飾的對話從而判斷一個人的行為。

如果你善於用心傾聽別人的說話，並嘗試閉上眼去感受、「分析」別人的說話，你所認知的世界及理解也會否不一樣。

常說：

「地圖≠實際疆域。」

你坐車去一個地方與步行所經過的風景已完全不同。

99 complex in one's mind.

#30

人很喜歡對比。

常言：沒有比較就沒有傷害。

曾有一個案例，男女在交友平台認識，男方一直很努力，一日做三份工，自以為可以賺錢養家，成家立室。

但後來才發現一個秘密，女方家裡本身就很有錢，而且是工程師，薪金比他高三倍，而工作時間亦只是他一半。

他很沮喪，亦想分手。

如果他與一個一無是處的人比較，他是一個很勤力的人；

如果他與做一天做五份工的人比較，他還未夠努力。

成功與否，是相對而不是絕對的。

他比起女方的賺錢能力低，但他真的一無所有嗎？

他真的沒有優點讓女方欣賞嗎？

真的只有分手可以解決所有問題嗎？

人生可以為自己作出三個選擇，而不是只有分手與不分手，一起努力建立家庭也是一個選擇？

只要通過看到的、聽到的、感覺到的去想像更多可能性，從而比較分析，你或者會成就一個更好的自己。

Contrastive analysis

NLP錦囊分享總結：

文化深深影響我們的對話框架。如果想真正了解一個人的文化，你也可嘗試了解別人的對話框架。就如：

有些會把烏鴉視作吉祥、有些會把烏鴉視作不祥；

有些會把豬視作不潔、有些卻把豬視作豐裕的象徵；

有些國家會把蝴蝶的意象視作死亡、有些會把蝴蝶視作重生；

我們很難避免和不同國籍的人溝通，我們要做的不是一式一樣地複製別人動作或表情，也不是一個情感的機械，你必須時刻深化並真正了解一個人的文化，才可真正了解別人內在需要。

You are not a stand-in of a user,keep iterating with people.

千萬不要設定一種程式與人相處，而是要切切實實而深入了解別人文化的底蘊，方可真正了解別人。

Looking for deeper/emotional needs beyond functional needs is always important to understand one's needs.

第八章
NLP黃金法規(NLPGolden Rule)

UFO-TDDGA!!!

You are in UFO fly over your Timeline to visit life of Deletion, Distortion and Generalisation then you can Anchor the Magic of NLP.

U- Utilization(盡善用)
F- Flexibility(彈性)
O-Observation(明察)
T-Timeline(時間線)
D-Deletion(刪減)
D-Distortion(扭曲)
G-Generalization(概括性用語)
A- Anchoring(心錨)

催眠師透過應NLP黃金法則巧妙地運用在說話語言中,從而進入對像的心中。

U- Utilization(盡量善用)

神經語言程式學中,利用(Utilization)技巧是一種能力,它可以幫助人們在溝通和互動中更加靈活和成功。

利用技巧的核心思想是盡用所有資源，包括內在及外在，接受和利用他人所表達的信息和行為，而不是反對或試圖改變它們。這包括使用對方的語言、姿勢、語調、情緒等，以建立更好的溝通和關係。

每一個都有著自己的內外資源，內在資源例如：學識、人生經驗、想法、過去、認智、人生哲學及一切內心擁有的。

外在資源有：家人、親人、朋友、同事、工作、金錢及一切身外擁有的。
當不同人相遇、相知、相處時其內外資源會產生互相作用，這作用結果可能使資源有相減、相加、相乘等出現。

NLP執行師／催眠治療師會Utilize(盡量善用)所有資源來幫忙個案的。

例如個案是一個有宗教妄想症的人，他常常認為自己是耶穌，終日在家胡思亂想不作為，而個案的爸爸死後留下了一個小小的傢俬工作室給他，但由於病患工作室也荒廢多年，以及個案所住的村落有好木材出產。治療師採用了utilization對他說，耶穌是一個很出色的木匠，你可以造出出色的木傢俬嗎？從而鼓勵他重新投入社會，有所改變及有所作為，之後他有了工作，有了成功感又有了認同感，便由於造木傢俬過程中有大量的勞動及運動下，病情就會慢慢好過來。

以下是如何使用利用技巧的一些步驟：

1. 觀察對方的行為和語言：注意對方的非語言提示，例如身體姿勢、語調、面部表情等，以了解他們正在表達的情感和意圖。
2. 接受對方的行為和語言：不要試圖反對或改變對方的行為和語言，而是接受它們，並開始建立更好的溝通和關係。
3. 利用對方的行為和語言：使用對方的行為和語言來建立更好的溝通和關係。例如，如果對方使用了某個詞彙或表情，可以使用相同的詞彙或表情來回應，以增強溝通的效果。

4.調整自己的行爲和語言：根據對方的行爲和語言，調整自己的行爲和語言，以更好地適應情況和建立更好的關係。

　　總的來說，利用技巧是NLP中的一種強大的溝通技巧，可以幫助人們建立更好的關係和實現更好的結果。通過觀察、接受、利用和調整自己的行爲和語言，人們可以更好地適應和成功。

　　催眠治療師在utilize案主的想法(內在資源)及其父親留下的小工場和村中有好木材出產(外在資源)的內外資源，「善用」了所有資源成功地治療好個案！

F- Flexibility（彈性）

　　在NLP中，彈性是一種旨在理解和改進人類溝通和行爲的方法論。彈性是NLP中的一個關鍵概念，它指的是適應不同情況和人員的能力，並調整自己的行爲和溝通風格。通常指的是一個人在行爲和思維上的適應性和靈活性。具有良好的彈性意味著能夠在不同的情況下運用不同的行爲和思維模式，以應對不同的挑戰和需求。

　　在NLP中，彈性是通過培養感官敏銳度來實現的，感官敏銳度是觀察和解讀非語言提示，例如身體語言、語調和面部表情的能力。通過密切關注這些提示，NLP從業者可以調整自己的行爲和溝通風格，以更好地適應情況和與其互動的人。

　　NLP中的彈性還涉及開發實現目標的一系列策略和技巧。這意味著能夠根據情況切換不同的方法和策略，並願意嘗試新事物和嘗試不同的方法。

　　總的來說，彈性是NLP的一個重要方面，因爲它使從業者能夠更有效地溝通，建立更好的人際關係，並更有效地實現其目標。通過培養感官敏銳度和一系列策略和技巧，NLP從業者可以變得更加適應和成功，無論是在個人還是職業生活中。

以下是一些可以提高彈性的NLP技巧：

1. 調整語言模式：NLP強調語言的重要性，因此調整語言模式是提高彈性的一種方法。例如，使用不同的語言風格和措辭，以應對不同的溝通場合和對象。

2. 改變身體語言：身體語言是人們情感和思維的表現形式之一，因此改變身體語言可以幫助提高彈性。例如，改變姿勢、手勢和表情等，以應對不同的情況和需求。

3. 多角度思考：多角度思考是指能夠從不同的角度和視角看待問題和挑戰。例如，從對方的角度和立場出發，思考問題的解決方案，以提高彈性和解決問題的能力。

4. 培養自信心：自信心是提高彈性的關鍵因素之一，因為它可以幫助人們更自如地應對各種挑戰。例如，使用自我暗示和積極的思維模式，以增強自信心和彈性。

5. 學習自我調節：自我調節是指能夠控制情感和行為的能力，因此學習自我調節可以幫助提高彈性。例如，學習控制情緒和壓力，以維持穩定的心態和行為模式。

總之，彈性是NLP中的一個重要概念，可以通過調整語言模式、改變身體語言、多角度思考、培養自信心和學習自我調節等方法來提高。

O-Observation（明察）

神經語言程式學中，觀察技巧是一種重要的能力，它可以幫助人們更加敏銳地觀察和理解自己和他人的行為和語言，來有效地了解他人的內在狀態、行為模式和偏好，從而更好地與他人溝通和協作。

以下是如何使用觀察技巧的一些步驟：

1. 保持專注：在觀察他人時，要保持專注，注意對方的身體語言、語調、語速、聲音等方面，以了解其情感狀態和語言模式。面部表情等非語言提示，以了解他們正在表達的情感和意圖。

2. 觀察身體語言：觀察對方的身體語言，包括姿勢、面部表情、手勢、眼神等方

面，以了解其內在狀態和情感表達。注意細節可以讓你更好地理解他人的行為和語言。例如，注意對方的眼神、肢體動作、聲調和用詞，這些都可以提供有關對方情感和意圖的重要信息。

3. 注意行為模式：觀察對方的行為模式，包括習慣、動作、反應等方面，以了解其習慣和行為模式。

4. 聆聽並回應：在觀察他人時，要聆聽對方的語言和回應，以更好地了解他們的情感和意圖。回應對方的語言和行為，可以建立更好的溝通和關係。

5. 分析信息：將所觀察到的信息進行分析和綜合，了解其背後的意義和動機，以更好地理解對方的想法和需求。

6. 調整自己的行為和語言：根據對方的行為和語言，調整自己的行為和語言，以更好地適應情況和建立更好的關係。

7. 適時反應：根據所觀察到的信息，適時給出反應和回應，以更好地溝通和協作。

總的來說，觀察技巧是NLP中的一種重要技能，可以幫助人們更好地理解自己和他人的行為和語言，進而建立更好的溝通和關係。通過保持專注、注意細節、聆聽並回應和調整自己的行為和語言，人們可以更好地適應和成功。

T-Timeline（時間線）

時間線是一種用於記錄時間和事件順序的圖示方法。在神經語言程式學(Neuro-Linguistic Programming, NLP)中，時間線被用作一種心理學工具，用來幫助人們更好地理解和處理過、現在和未來的事件和情緒。時間線將時間和事件按順序排列在一條線上，以便更好地理解和記錄過去、現在和未來的事件。時間線可以是一個人自己的內在心理圖像，也可以是與他人之間的關係圖像。通常，時間線是一條直線或曲線，上面標註了特定的時間點，例如年份、月份、日期等。

*詳細請參考本書中的：附錄二：時間線

D-Deletion（刪減）

刪減（Deletion）可以使我們有效應對事情或限制自己做錯事情。當我們能夠選擇性地關注我們所認為的重點而排除其他方向時，我們可以使用刪減的技巧。刪減使我們能夠專注於自己的意識，並專注於我們所認為重要的部分。

刪減（Deletion）＊：刪減是指將語言中的一些關鍵詞或詞彙省略掉，使句子變得模糊不清。後設模式（Meta model）使用刪減來揭示隱藏在語言背後的真實信息。例如，如果某人說「這個工作太難了」，Meta model可能會問：「這個工作對你來說太難了嗎？還是對其他人來說也很難？」

*詳細請參考本書第九章

D-Distortion（扭曲）

扭曲（Distortion）：扭曲是指將語言中的一些詞彙或詞語歪曲或變形，使其失去原意。Meta model使用扭曲來挑戰語言的模糊性和一般性，以揭示隱藏在語言背後的真實信息。例如，如果某人說「每個人都喜歡我」，Meta model可能會問：「真的每個人都喜歡你？還是只有一些人喜歡你？」

*詳細請參考本書第九章

G-Generalization（概括性用語）

概括性用語（Generalization）：概括性用語是指將語言中的一些具體詞彙或詞語轉化為抽象詞彙或詞語，使其失去具體的含義。Meta model使用概括來挑戰語言的模糊性和一般性，以揭示隱藏在語言背後的真實信息。例如，如果某人說「我總是做錯事情」，Meta model可能會問：「你每次都做錯事情嗎？還是只有有時候做錯事情？」

*詳細請參考本書第九章

A- Anchoring（心錨）

　　心錨效應(anchoring effect)是一種心理現象，指的是當人們在進行決策時，往往會過度依賴第一個接觸到的信息或數字，將其作爲參考點。這種現象在日常生活中十分普遍，可以影響我們的購物、投資、工作等多方面的決策。本文將介紹心錨效應的原理，以及如何避免受到心錨效應的影響。

*詳細請參考本書中的：Anchoring Effect心錨效應

第九章
語言是溝通的聖杯：NLP的語言模式

我們可以用這些前設去了解不同的人，並與人溝通和交談，去了解每一個人的正面動機和行為。我們可以通過這些前設去改變自己從而創新求變。當我們做到後，我們可以檢討過去、努力現在、展望將來。

「將語意不清，混淆視聽」
變得
「清澈可見，清楚明白」

NLP的後設模式（Meta model）

NLP裡的Meta model有很多種翻譯名稱，常見的翻譯是精確模式、後設模式或元模型，亦有很多人直接叫Meta model。

Meta Model由NLP創辦人約翰·格林德（John Grinder）和理查德·班德勒（Richard Bandler）開發，這個模型與認知行為療法（Cognitive Behavior Therapy）中的十數種「認知扭曲」（cognitive distortions）非常相似。Meta model可以識別妨礙良好交流的語言模式，並使人們建立更清晰，更有效的交流。

Meta Model主要分為三個主題：（刪減（Deletions）、扭曲（Distortions）和概括性用語（Generalizations），這些後設模式涵蓋了各種誤導性語言模式，例

如：不明確的名詞(unspecified nouns)，不明確的動詞(unspecified verbs)、缺少的參照完整性(missing referential indices)等。這些詞彙都是在NLP標題下的主題下，我們也需要了解不同的模式及語言框架。

Meta model是有效釐清事物的真相，抽絲剝繭地從不含糊地，令我們明白了解世事真面目。很多問題都是來自於混淆不清的溝通有研究指出：人活得快樂是基於人際關係，而人際關係是基於溝通。

「溝通」佔人生有很重要的地位，我們生活很需要溝通，無論對人、對心、對事、對物，每一刻都需要溝通。

有好的溝通就有好的生活。
也許溝通就是生活，生活就是溝通，
如果你能完全掌握溝通，你便能掌握你的生活，
如果你能掌握和別人心靈溝通的方法，
你便能掌握完美的人際關係，活得更美滿更快樂!

世上有很多溝通方法，和別人溝通的最有效的方法就是用語言，但日常生活使用的語言只能和別人的意識溝通，未能有效地和潛意識溝通，究竟世上有沒有專門和潛意識溝通的語言嗎?答案是：有。

神經語言程式學是和潛意識溝通的語言。簡單來說就是和心靈溝通的語言，這種語言是由我們日常語言格式中脫變出來的，透過有效運用語言框架和技巧來和潛意識溝通。

NLP執行師／催眠師會巧妙地運用「神經語言」與個案的潛意識溝通，可以快速有效地和個案建立友好的關係，迅速地了解個案的內心世界，而在短時間內制定出度身訂造的方法來為個案治療。

神經語言程式學的方法在乎於「快、狠、準」，來達致治療效果，幫助個案了解自己，清楚自己的方向，明白下一步應該如何走下去。

他們在不知不覺間被催眠了。

NLP的Meta model是一個語言分析工具，旨在幫助人們理解他們自己和他人所使用的語言，從而提高溝通技巧。Meta model的目的是挑戰語言的模糊性和一般性，以及揭示隱藏在語言背後的真實信息。

後設模式(Meta Model)可以融入不同的語言框架使用。在此，我們可以歸納出不同的問題：

1) 我們自己有甚麼具體需要的？
2) 我們一直渴望的是甚麼？
3) 我們可以如何得知及獲得此目標？
4) 有甚麼一直在阻礙我們？
5) 有甚麼事會阻礙我們身邊的人及生活？
6) 我們身邊有甚麼資源可以幫助我們？
7) 有甚麼外在資源可以幫助我們？
8) 我們可以怎樣獲得一切幫助我們的事？
   a) 第一步：具體而可達到
   b) 有沒有其他方法可以讓我們達到目的？

記住，重覆舊的方法永遠也只有舊的結果，所以我們必須要訂立一些具體而可以達到的目標。方法也不止一個，我們必須要想出多於一個方法去解決我們的問題。當然，還有很多問題我們可以問，但以上這些問題可以讓我們擴大我們的討論區域及為問題想出解決的辦法。

Meta model通常包含以下三個元素：

刪減（Deletion）：刪減是指將語言中的一些關鍵詞或詞彙省略掉，使句子變得模糊不清。Meta model使用刪減來揭示隱藏在語言背後的真實信息。例如，如果某人說「這個工作太難了」，Meta model可能會問：「這個工作對你來說太難了嗎？還是對其他人來說也很難？」

神經語言程式學的Meta model是一種語言工具，可以幫助人們更精確地理解和表達自己的想法和感受。其中的刪減技巧是一種常用的技巧，以下是使用刪減技巧的步驟：

1. 確定要刪減的詞語或詞彙。Meta model通常關注的是模糊、不明確或歧義的表達方式。
2. 找到替代詞語或詞彙，這些詞語或詞彙可以更精確地代表你想要表達的意思，並且可以幫助你更好地理解對方的想法和感受。
3. 將替代詞語或詞彙插入到句子中，並刪減原本不必要的詞語或詞彙。這樣可以使句子更加清晰和精確。

例如，如果某人說「我感覺糟糕」，Meta model可以使用刪減技巧來更精確地理解他的感受。你可以問他「你感覺糟糕的原因是甚麼？」或者「你感覺糟糕的時候會有甚麼感覺？」這樣可以幫助對方更精確地表達自己的感受，同時也可以幫助你更好地理解對方的感受。

總之，使用Meta model中的刪減技巧可以幫助人們更加精確地理解和表達自己的想法和感受，同時也可以幫助人們更好地了解他人的想法和感受。

以下是更多使用神經語言程式學中的Meta model中的刪減技巧的例子：

1. 原始語句：「這個工作很難。」

刪減技巧應用後：「這個工作在哪裡讓你覺得困難?」

2. 原始語句：「我不知道該怎麼做。」

　　刪減技巧應用後：「如果你知道怎麼做，你會怎麼做?」

3. 原始語句：「他總是這樣做。」

　　刪減技巧應用後：「你能舉幾個他這樣做的例子嗎?」

4. 原始語句：「我從來沒有成功過。」

　　刪減技巧應用後：「你能告訴我一個你過去曾經成功的例子嗎?」

5. 原始語句：「這是我最大的問題。」

　　刪減技巧應用後：「你有其他的問題嗎?」

　　以上例子中，刪減技巧都是用來精確化對方的語言表達，讓對方更清楚地表達他們的想法和感受。這種技巧可以幫助人們更好地溝通，避免誤解和歧義，同時也可以幫助人們更好地理解對方的想法和感受。

扭曲（Distortion）：扭曲是指將語言中的一些詞彙或詞語歪曲或變形，使其失去原意。Meta model使用扭曲來挑戰語言的模糊性和一般性，以揭示隱藏在語言背後的真實信息。例如，如果某人說「每個人都喜歡我」，Meta model可能會問：「真的每個人都喜歡你?還是只有一些人喜歡你?」

　　神經語言程式學中的Meta model可以幫助人們更精確地理解和表達自己的想法和感受。其中的「扭曲」技巧是一種常用的技巧，以下是使用扭曲技巧的步驟：

1. 確定要扭曲的詞語或詞彙。Meta model通常關注不符合事實或邏輯的表達方式。
2. 找到替代詞語或詞彙，這些詞語或詞彙可以更符合事實或邏輯，並且可以幫助你更好地理解對方的想法和感受。
3. 將替代詞語或詞彙插入到句子中，並扭曲原本不符合事實或邏輯的詞語或詞彙。這樣可以使句子更加清晰和準確。

例如，如果某人說「每次我都失敗，我永遠不會成功。」，Meta model可以使用扭曲技巧來更符合邏輯。你可以問他「你真的每次都失敗嗎？那麼你從失敗中學到了甚麼？你有哪些成功的例子？」這樣可以幫助對方更符合事實地表達自己的想法，同時也可以幫助你更好地理解對方的想法。

另外，Meta model中的扭曲技巧也可以用於解決理解上的歧義。例如，如果某人說「我們需要更多的關愛。」，你可以問他具體是哪些方面需要更多的關愛，這樣可以幫助你更好地理解他的意思。

總之，使用Meta model中的扭曲技巧可以幫助人們更加精確地理解和表達自己的想法和感受，同時也可以幫助人們更好地了解他人的想法和感受。

以下是更多使用NLP中的Meta model中的「扭曲」技巧的例子：
1. 原始語句：「我總是做錯事。」
   扭曲技巧應用後：「你能舉出一些你做對的事情嗎？」
2. 原始語句：「我從來沒有機會成功。」
   扭曲技巧應用後：「你有過哪些成功的經歷？」
3. 原始語句：「這個問題很困難，我不知道該怎麼辦。」
   扭曲技巧應用後：「如果你知道該怎麼辦，你會怎麼做？」
4. 原始語句：「我不能相信任何人。」
   扭曲技巧應用後：「有哪些人你可以相信？」
5. 原始語句：「這是不可能的。」
   扭曲技巧應用後：「有沒有任何方法可以讓這件事情變成可能？」

以上例子中，扭曲技巧都是用來精確化對方的語言表達，讓對方更清楚地表達他們的想法和感受，同時也可以幫助對方更好地理解自己的想法。這種技巧可以幫助人們更好地溝通，避免誤解和歧義，同時也可以幫助人們更好地理解對方的想法和感受。

概括性用語(Generalization)：概括性用語是人類將原始的經驗中的模式的一部分應用於整個經驗世界的過程。

概括是指將語言中的一些具體詞彙或詞語轉化為抽象詞彙或詞語，使其失去具體的含義。Meta model使用概括來挑戰語言的模糊性和一般性，以揭示隱藏在語言背後的真實信息。例如，如果某人說「我總是做錯事情」，Meta model可能會問：「你每次都做錯事情嗎？還是只是有時候做錯事情？」

NLP的Meta model可以幫助人們更精確地理解和表達自己的想法和感受。其中的「一般化」技巧是一種常用的技巧，以下是使用一般化技巧的步驟：

1. 確定要一般化的詞語或詞彙。Meta model通常關注過度概括的表達方式。
2. 找到具體的例子或細節，這些例子或細節可以幫助你更具體地理解對方的想法和感受。
3. 將具體的例子或細節插入到句子中，並消除過度概括的表達方式。這樣可以使句子更加具體和準確。

例如，如果某人說「每個人都不喜歡我。」，Meta model可以使用一般化技巧來更具體地理解對方的想法。你可以問他「有哪些人不喜歡你？有哪些人喜歡你？你如何知道每個人都不喜歡你？」這樣可以幫助對方更具體地表達自己的想法，同時也可以幫助你更好地理解對方的想法。

另外，Meta model中的一般化技巧也可以用於解決歧義。例如，如果某人說「這個計劃不會成功。」，你可以問他「你是指甚麼方面的計劃？有哪些原因會導致計劃失敗？有哪些方面可以改進？」這樣可以幫助你更加具體地理解對方的想法，同時也可以幫助對方更好地表達自己的想法。

總之，使用Meta model中的一般化技巧可以幫助人們更加精確地理解和表達

自己的想法和感受，同時也可以幫助人們更好地了解他人的想法和感受。

以下是更多使用神經語言程式學的Meta model中的「一般化」技巧的例子：

1. 原始語句：「我從來沒有成功過。」
   一般化技巧應用後：「你試過哪些事情，而且沒有成功過？有哪些成功的例子？」
2. 原始語句：「所有人都不喜歡我。」
   一般化技巧應用後：「你確定所有人都不喜歡你？有哪些人喜歡你？有哪些人不喜歡你？」
3. 原始語句：「我從來沒有機會成功。」
   一般化技巧應用後：「你試過哪些事情，而且沒有機會成功？有哪些機會可以讓你成功？」
4. 原始語句：「所有人都知道這件事情。」
   一般化技巧應用後：「你確定所有人都知道這件事情？有哪些人知道？有哪些人不知道？」
5. 原始語句：「這是一個很困難的問題。」
   一般化技巧應用後：「你認為這個問題困難的原因是甚麼？有哪些方面可以讓這個問題變得容易一些？」

以上例子中，一般化技巧都是用來讓對方更具體地表達自己的想法和感受，同時也可以幫助對方更好地理解自己的想法。這種技巧可以幫助人們更好地溝通，避免誤解和歧義，同時也可以幫助人們更好地理解對方的想法和感受。

總結來說，Meta model作為一個語言分析工具，可以通過挑戰語言的模糊性和一般性，揭示隱藏在語言背後的真實信息，從而提高溝通技巧，幫助人們更好地理解自己和他人所使用的語言。

NLP語意分析學（NLPSemantic Analysis）

日常生活中我們常面對語意不清的句子，而影响我對事物的看法，影响我的思路，而作出錯誤的決定。NLP是一門語意分析學，使我清 地了解明白溝通的內容，及被邏輯謬誤所誤導。

語意不清指的是一個語句或文本的含義不夠明確或易於誤解。語意不清可能是由於詞語、短語或句子結構等方面的不當使用所導致的。這種情況下，讀者或聽眾可能會產生不同的解讀或誤解，從而導致通信障礙。

語意不清的原因可能有很多種，例如：

1. 使用模糊或抽象的詞語或詞組。這些詞語或詞組的含義不夠明確，容易產生理解上的歧義或誤解。
2. 句子結構複雜或不當使用。句子結構的不當使用可能導致句子含義不夠明確，讀者或聽眾難以理解。
3. 含有歧義的詞語或詞組。某些詞語或詞組可能有多種含義，如果使用不當可能導致語意不清。
4. 使用過於簡單的語言。過於簡單的語言可能導致表達不夠精確，無法傳達完整的含義。
5. 文化差異。不同文化之間可能存在某些詞語或表達方式的差異，容易導致語意不清。

主詞不明確

指的是在一個句子或文本中，無法清晰地辨識出動作的執行者或主體。這種情況下，讀者或聽眾就無法確定誰在執行動作，從而導致理解上的困難。以下是一些主詞不明確的例子：

1. 做功課的時候，電話響了。

這個句子中，無法確定是誰在做功課，因此無法確定是誰接了電話。這個句子

可以改成「當我在做功課的時候,電話響了。」這樣可以明確主詞,讓讀者或聽眾知道是誰接了電話。

2. 在公園裡看到了一個小孩子,他正在追逐蝴蝶。

這個句子中,無法確定是誰看到了小孩子,因此也無法確定是誰在追逐蝴蝶。這個句子可以改成「當我在公園裡的時候,看到了一個小孩子,他正在追逐蝴蝶。」這樣可以明確主詞,讓讀者或聽眾知道是誰看到了小孩子。

3. 看到了一個女人,她穿了一件紅色的裙子。

這個句子中,無法確定是誰看到了女人,因此也無法確定是誰穿了紅色的裙子。這個句子可以改成「當我走在街上的時候,看到了一個女人,她穿了一件紅色的裙子。」這樣可以明確主詞,讓讀者或聽眾知道是誰看到了女人。

這些例子中,句子缺乏主詞或主詞不明確,容易導致理解上的困難,因此需要將主詞明確化,以確保句子的清晰和易懂。

動詞不明確式

指的是在一個句子或文本中,動詞的執行者或動作的對象不夠明確,從而讓讀者或聽眾無法確定動作的具體含義。以下是一些動詞不明確式的例子:

1. 她喜歡看書。

這個句子中,無法確定她喜歡看哪一種書,缺乏動詞的對象。這個句子可以改成「她喜歡看小說。」這樣可以明確動詞的對象。

2. 學生們在學校學習英語。

這個句子中,無法確定學生們學習的是哪一種英語,缺乏動詞的對象。這個句子可以改成「學生們在學校學習美式英語。」這樣可以明確動詞的對象。

3. 昨天下雨了。

這個句子中,無法確定下雨的地點或範圍,缺乏動詞的執行者。這個句子可以改成「昨天在這個城市下了一場大雨。」這樣可以明確動詞的執行者和下雨的範圍。

這些例子中,句子缺乏動詞的對象或執行者,容易導致理解上的困難,因此需要將動詞的對象和執行者明確化,以確保句子的清晰和易懂。

名詞化

什麼是名詞化?將動詞寫成名詞是名詞化的一種常見形式。這樣做可以使句子更加簡潔明了,並且方便在句子中使用。以下是一些將動詞寫成名詞的例子:

1.動詞:「學習」,名詞:「學習」
    例如:學習是一種享受。
2.動詞:「創建」,名詞:「創建」
    例如:這個公司的創建源於創始人的夢想。
3.動詞:「改進」,名詞:「改進」
    例如:這個產品的改進需要我們的努力。
4.動詞:「設計」,名詞:「設計」
    例如:這個產品的設計需要考慮到用戶的需求。
5.動詞:「研究」,名詞:「研究」
    例如:這個項目的研究已經進行了三年。

固化了動詞、形容詞等的靈活性,使人失去選擇的機會。更可能會使語言過於冗長、抽象、生硬或不自然,從而影響閱讀或聆聽的流暢性和理解。以下是一些名詞化不當使用的例子:

1.我需要一杯飲料。
    在這個例子中,「飲料」這個名詞化詞語被用來代替更為自然的「我需要喝點東西」。或「我需要喝一杯飲料。」, 失去了「喝」字使人忘記喝之外可以是吃也可以不喝等想法,使句子變得生硬和不自然。
2.該公司董事會的核心問題是關於公司治理。
    在這個例子中,「公司治理」這個名詞化詞語被用來代替更為自然的「該公司董事會的核心問題是如何管理公司。」,這使得句子變得過於抽象和不自然。

3. 公司的人員發展計劃是爲了提高員工的生產力。

在這個例子中，「人員發展計劃」這個名詞化詞語被用來代替更爲自然的「公司爲員工提供的培訓計劃旨在提高員工的生產力。」，這使得句子變得過於冗長和不自然。

這些例子中，名詞化被用來替代更爲自然的表達方式，使得句子變得生硬、抽象或不自然，影響了句子的流暢性和易懂性。因此，在使用名詞化的時候需要注意適當的用法和語境，避免不當使用。

以偏概全式（Universal Quantifiers）

以偏概全是一種認知偏誤，指的是根據有限的、不足代表整體的證據，對整體進行過度概括和歸納，從而產生了偏見和錯誤的判斷。以偏概全的語意卽是基於個別案例或經驗，將其概括到整個群體或情況上，忽略了證據的不足和多樣性，從而導致判斷的錯誤和偏見。

例如：某人在一次旅行中遇到了一個不友好的地方居民，就可能以偏概全地認爲該地區的所有居民都不友好，這種判斷是基於個別經驗而做出的，並沒有考慮到其他可能的因素，如文化背景、語言障礙等。

又例如：當一個人遇到了一個壞人，就會認爲所有人都是壞人，這就是以偏概全式的一個例子。以偏概全式通常會導致判斷的錯誤和偏見，因爲它忽略了證據的不足和多樣性，將一個例子應用到整個群體上，從而產生了錯誤的結論。

在日常生活和工作中，我們需要避免以偏概全式的認知偏誤，應該更加客觀和全面地看待問題，尋求更多的證據和信息，避免基於個別案例作出過度概括和歸納的判斷。

能力限制式（Modal Operators）

是指在語言中用來表示能力、可行性和可能性等概念的情態動詞，如「可

以」、「能夠」、「可能」 、 「一定」、「必然」、「必須」、「必要」、「不能」等。它們可以用來描述某個主體的能力、行動的可行性或事件的可能性等。

能力限制式下的「需要性」(Modal Operators of Necessity)

是一種語言中用來表示必要性、義務性、強制性等概念的情態動詞，如：「應該」、「必須」、「必需」等。這些詞用來表達某種行為或決策的必要性或義務性，通常基於倫理、道德、法律等因素。

在日常生活中，「需要性」的概念經常被用來描述對某些行為、規範或規則的遵守，如「我們應該尊重他人的意見」、「你必須遵守公司的保密協議」等。在商業、教育、政治等領域，「需要性」的概念也被廣泛運用，如「企業需要加強市場推廣」、「政府必須加強環境保護」等。

另外，能力限制式(Modal Operators)還可以用於描述自然語言表達的情感和態度。例如，當說「我不能再忍受這種行為了」，其中的「不能」表示說話者對這種行為的厭惡和不滿。

在對話過程中，留意對方的能力限制詞，我們可以加以打破其能力限制詞，例如「不可能」換上 「甚麼使你覺得不可能?」，「其實你做到的」，或者「我是做不到」換上「只要努力甚麼也有可能」，「世上無難事，只怕有心人」……

因果關係

說話語句中的因果關係是指一個事件或行為對另一個事件或行為產生影響或結果的關係。因果關係通常由因果連接詞或詞組表示，例如：「因為」、「所以」、「由於」、「造成」等。

在語言表達中，因果關係的表示方式可以有多種。例如，在描述一個事件的原因時，可以使用「因為」、「由於」等關聯詞，例如：「我遲到了，因為交通堵塞

了。」；在描述一個事件的結果或影響時，可以使用「所以」、「因此」等關聯詞，例如：「我遲到了，所以我錯過了火車。」

在說話語句中，因果關係的表達方式可以影響說話者所傳達的信息和意圖。容易加入沒有兩者關係的謬誤，而不知不覺中被誤導。例如，說話者可能使用因果關聯詞來強調一個事件對另一個事件的影響或結果，以便對聽眾產生特定的印象或情感反應。此外，因果關係還可以用來建構論述和推理，例如在論述中使用因果關係來支持自己的論點或推理。

因果關係的謬誤

因果關係的謬誤是指在論證中錯誤地假定兩個事件之間存在因果關係。以下是一些因果關係的謬誤語句的例子：

1. A事件發生在B事件之後，因此A事件是由B事件引起的。
   這種說法忽略了其他可能的因素，導致誤解和錯誤結論。
2. 雞蛋每天早上吃了，因此身體健康。
   這種說法忽略了其他可能的因素，例如其他飲食習慣和運動習慣，導致誤解和錯誤結論。
3. 天氣變冷了，因此我感冒了。
   這種說法忽略了其他可能的因素，例如個人免疫系統的狀態和接觸病毒的機會，導致誤解和錯誤結論。
4. 我們需要更多的警察，這樣犯罪率就會下降。
   這種說法忽略了其他可能的因素，例如社會環境、經濟狀況和犯罪心理等，導致誤解和錯誤結論。

這些說法的問題在於它們忽略了其他可能的因素，而導致了誤解和錯誤的因果關係。因此，在論證中，應該注意不要過早地下定論，而要考慮可能的其他因素和變量。只有在充分考慮可能的其他因素後，才能確定兩個事件之間的因果關係。

需要注意的是，在使用因果關係的表達方式時，需要注意其是否準確和合理。有時候，因果關係可能是虛假的或誤導性的，需要進一步分析和評估。此外，在跨文化交流中，因果關係的表達方式也可能存在差異和語言特徵的差異，需要注意文化差異和語言特徵的差異。

「心靈錯覺效應」(The Illusion of Transparency)

心靈錯覺效應是以為自己有讀心術而固執是一種認知偏誤。這種偏誤指的是人們傾向於過分估計自己的思想、情感和意圖易於被他人察覺，從而產生了誤解和錯誤的推斷。

當我們以為自己能夠讀懂他人的想法和情感時，往往會將自己的感受和情感投射到對方身上，以為對方能夠清楚地感知到自己的內心世界又或者以為自己完全了解別人。這種投射會導致誤解和錯誤的推斷，從而產生固執和偏見。

例如：在一個會議上，當一個人以為自己能夠讀懂其他人的反應和情感時，可能會錯誤地認為其他人支持自己的意見，從而固執地堅持自己的立場，忽略了其他人的觀點和意見。

假設你在和朋友聊天，他突然停下了對話，你認為他心裡在想甚麼，便說出：「你在想我說的話很無聊對吧?」。然而，你的朋友可能根本沒有這種想法，而是在考慮其他事情，或者只是單純的停頓了一下，而你卻以為自己能夠讀懂他的心思，並堅持這個說法，從而導致誤解和糾紛。

這種情況反映了一種心理現象，即「心靈錯覺效應」(The Illusion of Transparency)，即人們傾向於認為自己的想法和情感可以通過語言表達來傳達，而忽略了語言的模糊性和多義性。當人們認為自己有讀心術時，往往會固執於自己的想法，而忽略了可能的多種解釋和理解。這種偏誤可能導致人際關係的緊張和衝突，因此，人們應該保持謙虛和開放的態度，不斷地尋求他人的反饋和意見，從而更好地理解和溝通。

這種偏誤可能對人際關係產生負面影響。當人們堅信自己能夠讀懂他人的心思時，他們可能會對他人的言行產生誤解和偏見，而這些誤解和偏見可能導致人際關係的緊張和衝突。

例如：在一段感情關係中，當其中一方認為自己能夠讀懂對方的心思時，可能會對對方的言行產生偏見，從而導致誤解和衝突。這種偏見可能會使得對方感到被誤解和被忽視，從而破壞彼此之間的信任和理解。

同樣地，在工作場合中，當一個人認為自己能夠讀懂同事或上司的心思時，可能會對他們的言行產生偏見，從而導致誤解和衝突。這種誤解和衝突可能會影響工作效率和團隊合作，從而對整個組織產生負面影響。因此，人們應該保持謙虛和開放的態度，並嘗試理解和尊重他人的想法和情感。在溝通中，人們應該保持清晰和明確的表達，並不斷地尋求他人的反饋和意見，從而避免誤解和衝突，建立良好的人際關係。

避免心靈錯覺效應的最好方法是保持開放和客觀的態度，並不斷地尋求他人的反饋和意見。當我們遇到困難或挑戰時，應該避免過度自信和固執，而是多聽取他人的想法和建議，從而獲得更全面和客觀的觀點。此外，我們還可以通過訓練和實踐來提高自己的溝通和人際交往技能，從而更好地理解和反應他人的情感和意圖。

我們可以在過程中挑戰思想陷阱中的讀心術，如：

你怎樣知道？具體來說是甚麼事？你怎樣知道XXX？這可以幫助案主了解甚至質疑他或她以前可能認為是理所當然的那些假設。

問題：所有人都認為我花了太多時間去做些沒有意義的事。
化解：具體來說，您如何知道所個人都在這樣想？
問題：我以為你會明白我的感受。

化解：具體來說，您如何確定我能明白你的感受？

問題：只有我最清楚最適合他的東西。

化解：具體來說，您如何知道這東西最適合他的？

問題：他從不考慮後果。

化解：具體來說，您又怎知道他從未考慮過後果？

價值判斷式（Lost Performative）

價值判斷式（Lost Performative）是一種語言學上的概念，價值判斷語意是指語言中隱含了一種特定的價值觀或價值判斷，這種語言表達可能會影響聽眾對所述事物的看法和評價。例如，語句「我認爲應該保護環境」中的「應該」一詞就隱含了一種價值判斷，即保護環境是正確的、應該被支持的。這種語意常常未被明確表達，而是以隱含方式出現在語言表達中。指的是在語言表達中隱含了價值判斷，但並未明確表達出來。它通常由一個動詞和一個省略的主語構成，例如"It's important to be honest."（誠實很重要），其中的主語"who"被省略了。這種語言表達中的價值判斷可能會對聽眾產生影響，使他們接受這種價值觀念，而不是將其視爲一種主觀觀點。

價值判斷語意可能會對溝通產生影響，因爲它們可以導致聽眾對事物的看法產生偏差。例如，當在一個辯論中，一方使用了「我們應該支持X」的語句時，如果聽眾沒有意識到這是一種價值判斷，可能會誤以爲這是一個事實陳述，從而導致對話的混淆和誤解。

爲了避免價值判斷語意對溝通造成負面影響，語言使用者應該注意說話時的用詞，避免隱含價值判斷或價值觀。在表達自己的觀點時，可以嘗試使用客觀事實和理性分析，而不是價值判斷。同時，當聽到別人的語言表達時，要注意辨別是否存在價值判斷語意，並在理解時考慮其主觀性。

Lost Performative也可以用來描述一種隱含的價值判斷，例如「女性應該關心自己的外表」。在這個句子中，價值判斷"女性應該"被省略了，但是這個句子

仍然暗示了一個價值觀，即女性應該對自己的外表關注。

Lost Performative可以導致一種偏見，因爲它們通常被當作客觀事實來使用，而不是主觀價值觀。因此，人們應該警覺並注意這種潛在的價值判斷，以避免被價值觀所影響，從而更好地理解和評價語言表達的含義。

當說話者使用價值判斷語意時，可能會對聽衆的想法和評價產生影響，從而導致溝通問題。

以下是一個例子：

假設在一個環境保護的辯論中，一方說「我們應該支持禁止使用塑料袋」。這個語句中的「應該」一詞隱含了一種價值判斷，即禁止使用塑料袋是正確的、應該被支持的。如果聽衆沒有意識到這是一種價值判斷，可能會認爲這是一個事實陳述，從而產生誤解。

如果另一方聽衆持有不同的觀點，例如認爲禁止使用塑料袋會導致更多的浪費和成本，那麼價值判斷語意可能會導致誤解和衝突。如果辯論雙方能夠明確表達自己的觀點和價值觀，而不是使用價值判斷語意，則有可能避免這種誤解和衝突，從而達到更好的溝通效果。

NLP三切學 (NLPTriple Chopping Theory)

NLP的「三切」是一種用於語言分析和語言治療的技術。它是基於認知心理學和神經語言學的理論基礎，主要用於探究語言背後的深層結構和隱含意義，從而幫助人們更好地理解自己和他人的語言，改善溝通和行爲。

NLP的「三切」包括以下三個層次：

1. 表面結構：包括語言表達的字詞、語法和語調等外在表面形式，是語言的外在可見部分，是人們日常交流的主要內容。
2. 深層結構：指語言表達背後的語言意義、價值、信念和情感等內在的心理狀態和過程。通過探究語言背後的深層結構，可以揭示出語言表達的真正意圖和目的。
3. 本質層面：指語言表達的核心價值和信念體系，是語言背後最深層的內在結構。本質層面反映了人們的核心信念、價值觀和生命目標，是人們行爲和思維的根源。

「三切」的應用學

「神經語言學」方法有很多，其中常用的方法有「三切」：「上切」(CHUNK-UP)、「平行或稱中切」(PARALLEL)和「下切」(CHUNK-DOWN)，催眠師會在「三切」的過程中混合「隱藏性命令」和「不自覺性提議」等來導向個案的思路，來達致治療的目的。

「上切」：是幫助個案把散亂的，摸不著邊際的諗法和對話進行總結、歸納，想法往更高的層次去提升理念。

例如：個案說：「我很喜歡跑步，游水踩單車，又熱愛文學閱讀和音樂，對朋友的質素甚有要求，對自己的工作也很重視，人際關係溝通亦都很注重……」

催眠師會幫他「上切」爲「你是一個個注重生活品質的人」。之後催眠師可能會加上「隱藏性命令」例如：「你的生活如此有質素，你應該和別人分享你的生活，分享才是快樂的泉源，今天就去做吧!」

「中切」：這是種簡單的方法，顧名思義，就是向前外平面地聯想更多想法，把內容移向與之相關但不是同的內容上，可以打破思考僵局，啟發新的目標和人生。

例如：個案說：「我很喜歡跑步，我只愛跑步，其他所知無多，和其他東西沒有很深的見解，而感到孤獨。」

NLP執行師/催眠師會運用「中切」的模式，將話題移到其他「運動」的領域去。

「你是一個有很接受挑戰的人，你如此強勁和有魅力，當然跑步是極為挑戰性的運動，但整合式三項鐵人比獨自跑步其更有挑戰性，你更加要嘗試」，之後NLP執行師/催眠師再加「不自覺式建議」例如：「明天就去找朋友組成三項鐵人隊去比賽吧!」

「下切」：就是把話題內容細分。從一個集合和概念性的內容，分析到一個更小、更細至、更具體的子集(或者元素)使個案從概念性想法達至清楚、仔細、實在的事情上，使他們可以一步一步地達成目標。

例如：由「愛看電影」至「愛看甚麼類型電影?」，是下切的方法，因為「類型」是「電影」的一個屬性，是「電影」這個概念向下細分而成結果。

同樣地，如果把「類型」繼續下切，比如文藝電影能得到甚麼結果呢?

我就可以繼續問：

「你愛看文藝電影，還是古典類的?」或者「我很愛歐洲文藝電影呢?」如此類推。

這就是下切基本概念，就是把內容概念細分化小，聚焦於某個仔細具體之事物或場景之上，來探討對其的感受、認知及理解。

通過「三切」的分析，NLP執行師可以幫助案主更好地理解自己和他人的語言，發現語言背後的真正意圖和目的，從而改善溝通和行為。同時，「三切」方法也可以應用於語言訓練、語言教學和領導力培訓等方面。

要和心靈對話及溝通，其實不十分困難，只要找著語言的框架、說話的技巧、巧妙地運用「神經語言學」的方法，這便可以建立更好的人際關係，成為「心靈溝通師」。

總結來說NLP Meta-Model是一種自然語言處理的技術，用於發現和糾正語言中的模糊、模糊、一般化和刪減等問題。後設模式的目標是提供一種檢驗語言中的假設和推理的方法，從而幫助人們更清晰地表達自己的想法和理解他人的意思。

「後設模型」基於語言學的理論和技術，旨在發現和修復語言中的問題，並幫助人們更清晰地傳達信息。後設模型通過提出一系列問題來檢驗語言中的假設和推理。
例如：
- 你具體指的是甚麼？
- 你如何知道這是真的？
- 你是指所有情況還是只是某些情況？
- 你如何定義這個詞？

通過回答這些問題，人們可以更清晰地表達自己的想法，並理解他人的意思。後設模型可以應用於個人發展、溝通技巧、教育、醫學和心理治療等領域，以幫助人們更好地理解和應對語言中的問題。

應用NLP的後設模式（Meta Model）

應用NLP的後設模式在人際關係上可以有以下的應用：
1. 澄清溝通：後設模式可以幫助我們澄清溝通中的模糊或含糊不清的語言表達。當他人使用模糊的詞語或一般化的陳述時，我們可以運用後設模式的技巧來提問，以獲得更具體和清晰的訊息。這有助於建立準確的共享理解，減少誤解和衝突。

2. 解構限制信念：後設模式可以幫助我們解構限制性的信念，從而改變自己和他人對於事情的觀點和看法。通過提出挑戰性的問題，我們可以幫助他人檢視和重新評估他們的信念，從而打開新的思考和行動可能性。這有助於促進個人和關係的成長和發展。

3. 提供反饋(feedback)：後設模式可以用於提供有建設性的反饋，幫助他人意識到他們的語言和思維模式中的限制和狹隘。通過提出引導性的問題和提供替代的觀點，我們可以幫助他人擴大視野，開放心智和探索新的解決方案。這有助於促進有效的溝通和增強人際關係的互動。

4. 建立共鳴：後設模式可以用於建立共鳴和理解。通過聆聽他人的語言表達和感知模式，我們可以使用後設模式的技巧來捕捉並回應他們的內在體驗。這有助於建立情感連結和共鳴，增進彼此的理解和信任，從而促進更有意義和親密的人際關係。

5. 擴大選擇：後設模式可以幫助我們和他人擴大選擇的範圍。通過提出能夠挑戰現有框架和思維模式的問題，我們可以幫助他人開啟新的選擇空間，尋找更有效的解決方案和行動策略。這有助於個人和關係的成長和發展，促進更具彈性和創造力的互動。

總之，應用NLP的後設模式在人際關係中可以幫助我們澄清溝通、解構限制信念、提供反饋、建立共鳴和擴大選擇。這些技巧有助於改善溝通效果，促進共鳴和理解，增進關係的質量和深度。

領導者的身體語言通常會表現出自信、權威和決斷力。以下是一些常見的身體語言：

1. 直立姿勢：領導者通常會保持直立的姿勢，表現出自信和權威。他們的肩膀會向後拉，背部會挺直，這種姿勢可以表現出領導者的決斷力。

2. 眼神接觸：領導者通常會與對方保持眼神接觸，表現出自信和專注。他們的眼神通常會明亮、自信和堅定。

3. 手勢：領導者通常會用手勢來強調自己的話語，例如揮手、點頭或者舉手。這些手勢可以表現出領導者的決斷力和權威。
4. 面部表情：領導者的面部表情通常會表現出自信和堅定。他們的面部表情通常會比較鎮定、自然和友好。
5. 肢體動作：領導者的肢體動作通常會表現出自信和決斷力。例如步伐穩健、姿勢堅定，或者迅速地移動或轉身。

　　總之，領導者的身體語言通常會表現出自信、權威和決斷力。領導者需要學會利用身體語言來表現自己的態度和意圖，並擁有一種積極、自信和堅定的態度。這樣才能讓下屬對他們產生信任和尊重。

　　追求異性的身體語言是一種非語言的溝通方式，可以表達出個人的興趣和意圖。以下是一些常見的身體語言：

1. 眼神交流：眼神交流是一種非常重要的身體語言。當人們對某個人感興趣時，他們通常會在對方的眼睛中尋找線索。長時間的眼神交流可以表達出興趣和吸引力。
2. 身體接觸：身體接觸是一種非常明顯的身體語言。例如，輕輕碰觸對方的手臂或肩膀可以表達出親密感和興趣。
3. 姿勢和動作：姿勢和動作也可以表達出個人的興趣和意圖。例如，身體向前傾，手指向對方，或者咬唇等都可以表達出個人的吸引力和興趣。
4. 語調和語言：語調和語言也可以表達出個人的興趣和意圖。例如，使用甜美的語調和直接的語言可以表達出個人的吸引力和興趣。

　　總之，人類追求異性的身體語言是一種非語言的溝通方式，可以表達出個人的興趣和意圖。人們需要學會如何利用身體語言來表達自己的感受和意圖，以吸引異性的注意和興趣。

拒絕別人的身體語言通常會比較關閉和保持距離，以下是幾個常見的身體語言：

1. 避開眼神接觸：當不想與對方交流時，人們通常會避開眼神接觸。這種行為可以表現出不舒服或不想與對方接觸的情感。
2. 負面姿勢：人們通常會採取負面的姿勢，例如交臂或者傾身後仰。這些姿勢表現出對對方的不信任或者抗拒。
3. 遠離對方：當不想與對方接觸時，人們通常會保持距離，或者嘗試離開場地。這些行為可以表現出不想與對方交流或者接觸的情感。
4. 冷漠的表情：人們通常會採取冷漠的表情，例如緊閉嘴唇或者皺眉頭。這些表情可以表現出對對方的不感興趣或者拒絕。

總之，拒絕別人的身體語言通常會比較關閉和保持距離，表現出不想與對方交流或者接觸的情感。在拒絕他人時，人們需要注意自己的身體語言，避免給對方造成誤解或者不必要的困擾。

運動員中的肢體語言是非常重要的，可以表現出運動員的技能、態度和情感。以下是一些運動員中的肢體語言的例子：

1. 姿勢：一個運動員的姿勢可以表現出他們的技能和自信心。例如，在游泳比賽中，良好的姿勢和穩定的動作可以表現出運動員的技能和力量。
2. 手勢：手勢在某些運動中也很重要。例如，在籃球比賽中，運動員的手勢可以用來指示隊友和表達意圖，例如指示隊友移動或者表示自己要投籃。
3. 表情：運動員的面部表情可以表現出他們的情感和動力。例如，在足球比賽中，一個運動員的表情可以表達出他們的熱情和激動。
4. 動作：運動員的動作也可以表現出他們的技能和風格。例如，在花式滑冰比賽中，運動員的優美動作和流暢的動作可以表現出他們的技能和風格。
5. 呼吸：呼吸也是一種重要的肢體語言。例如，在瑜伽比賽中，運動員的呼吸可以表現出他們的冥想和平靜。

總之，運動員中的肢體語言是非常重要的，可以幫助他們表現出自己的技能、態度和情感。運動員需要學會如何利用肢體語言來達到最佳的表現效果。

勝利者的身體語言通常表現出他們的自信心、喜悅和慶祝。以下是一些例子：

1. 舉起手臂：勝利者通常會舉起手臂表達自己的喜悅和慶祝。這種手勢可以表現出自信和權威。
2. 擁抱：勝利者和隊友之間的擁抱可以表現出團隊的凝聚力和團結精神。
3. 跳躍：勝利者通常會跳躍來表達自己的喜悅和興奮。這種動作可以表現出自信心和勇氣。
4. 拍手：勝利者可以用拍手來表達自己的喜悅和慶祝。這種動作可以表現出自信和權威。
5. 鼓勵：勝利者通常會用身體語言來鼓勵和激勵隊友，例如撫摸和拍打隊友的肩膀，或者給他們一個擁抱。

總之，勝利者的身體語言通常表現出他們的自信心、喜悅和慶祝，並通過肢體語言來表達自己的情感和態度。勝利者需要學會如何利用肢體語言來表現自己，並激勵和鼓勵隊友。

失敗者的身體語言通常會表現出沮喪、挫敗和失望的情感。以下是一些常見的身體語言：

1. 垂頭喪氣：失敗者通常會垂頭喪氣，表現出沮喪和挫敗的情感。他們可能會低頭、垂肩或者鬆弛的站立。
2. 失落的表情：失敗者的表情通常會失落、沉重和無助。他們的眉頭可能會皺起、嘴角下垂，或者眼神呆滯。
3. 無力的姿勢：失敗者通常會採取無力的姿勢，例如坐下來、躺下來或者彎曲身體。這些姿勢表現出失敗者的無力感和沮喪。

4.避免眼神接觸：失敗者通常會避免眼神接觸，表現出內心的不安和不安全感。

5.離開場地：失敗者可能會離開場地，避免與其他人交流或者接觸。

　　總之，失敗者的身體語言通常會表現出沮喪、挫敗和失望的情感。當面對失敗時，人們需要學會控制自己的身體語言，避免表現出過度的情感和消極的態度。人們需要學會從失敗中學習，並保持積極的態度和行動力。

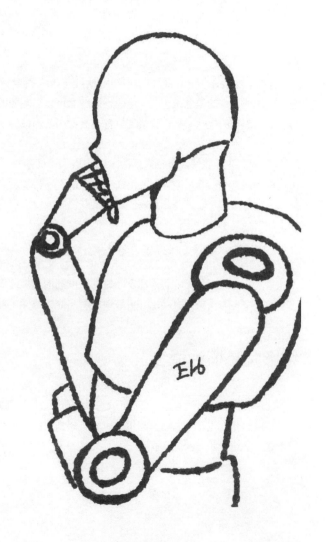

第十章
處理恐懼

恐懼理念(fear belief)是指在特定情境下，人們對於自己或周圍事物的擔憂、害怕或不安的信念或想法。這些恐懼理念可以是明顯的，也可以是潛在的，可能是由過去的經驗、文化背景、教育或其他因素形成的。

恐懼理念在某些情況下是有用的，例如當人們面臨危險或壓力時，恐懼理念可以提醒他們小心謹慎地應對。但在某些情況下，恐懼理念也可能阻礙人們的行動和生活，例如當恐懼理念讓人們避免某些活動或社交場合時，可能會影響他們的生活質量。

心理治療師通常會使用認知行為療法(CBT)等技術來處理恐懼理念。CBT通常包括認識和糾正負面的恐懼理念、建立正確的信念、逐漸暴露和面對恐懼情境等步驟。這些方法可以幫助患者更好地理解和應對恐懼，並最終克服恐懼症狀。

電影院恐懼治療法

電影院方法是一種心理技巧，可以幫助我們面對恐懼時保持冷靜和放鬆。它通常涉及想像自己正在觀看一部電影，並且將自己的恐懼想像成電影中的場景。以下是一些電影院方法的步驟：

日常練習

1. 想像自己坐在電影院中：想像自己坐在一個舒適的座位上，觀看一部電影。試著感受一下座位的舒適度，並且想像自己正處於一個安全和放鬆的環境中。
2. 想像自己的恐懼：將自己的恐懼想像成電影中的場景，例如一個恐怖的場景或一個令人不安的場景。試著感受一下這個場景帶給你的情感和感覺。
3. 將恐懼想像成電影：將自己的恐懼想像成電影中的場景，並且試著想像自己正在觀看這個場景。試著讓自己保持冷靜和放鬆，像觀看一部恐怖電影一樣觀看自己的恐懼。
4. 想像放映過程是黑白的恐懼感覺的情境，看這個畫面直至結束為止。
5. 把電影從尾到頭放映的過程是彩色快速倒播。在數秒內完成，直到返回開始的畫面。
6. 重複倒播約七至十次。每次速度越來越快。
7. 試著改變電影的結局：在觀看自己的恐懼時，試著想像一個不同的結局，例如一個積極的結局或一個令人放心的結局。這樣可以幫助我們減少恐懼感，並且建立一種積極的心理狀態。

　　總之，電影院方法是一種有效的心理技巧，可以幫助我們面對恐懼時保持冷靜和放鬆。通過想像自己坐在電影院中、將恐懼想像成電影、觀看自己的恐懼並且試著改變電影的結局等方法，我們可以更好地應對恐懼的情況，並且建立一種積極的心理狀態。

恐懼理念（Fast Phobia）

　　快速恐懼症療法（Rapid Resolution Therapy，縮寫為RRT）是一種心理治療方法，通常用於治療創傷後壓力症候群（PTSD）、恐懼症和焦慮症等問題。以下是快速恐懼症療法的一般步驟：

1. 與治療師進行初步諮詢：在進行快速恐懼症療法之前，治療師會與案主進行初步諮詢，了解案主的症狀和需求，並確定是否適合進行這種治療。
2. 確定焦點：治療師會與案主一起確定治療的焦點，例如一個具體的恐懼症狀，以便在治療過程中關注和處理。
3. 創造安全環境：治療師會創造一個安全的療癒環境，讓案主感到舒適和放鬆。
4. 創造正向經驗：治療師會使用一系列技術和方法，例如語言暗示、視覺化和身體感覺練習，幫助案主創造正向經驗，以打破負面情緒和信念的鎖定。
5. 糾正負面信念：治療師會幫助案主識別和糾正負面信念，例如「我無法克服我的恐懼」或「我將永遠無法擺脫我的創傷後壓力症候群」等。
6. 整合：治療師會協助案主整合正面經驗和新的信念，以建立一個更積極和健康的自我形象。

　　快速恐懼症療法是一種簡短但強效的心理治療方法，通常只需要幾次治療就能夠有效減輕恐懼症狀和壓力反應。然而，這種治療方法仍然需要專業的治療師來指導和實施。

如何修補破碎的心
（How to Mend a Broken Heart）

The Visual Squash 矛盾整合

The New Behaviour Generator

確定目標 → 創建新行爲 → 想像 → 角色 → 演員 → 表演 → 反復練習 → 試驗和調整 → 試驗和調整 → 強化新行爲

　　以下是一個使用「新行爲產生器」技巧，通過幻想自己是導演來創造新的行爲和習慣的步驟：

日常練習

1. 確定目標：使用「NLP新行爲產生器(New Behaviour Generator)」的第一步是確定你想要改變的不必要或不健康的行爲，確定你想要創建的新行爲或習慣。這可能是一個新的工作習慣、一種更健康的生活方式、或者是一個更積極的態度。確定你的目標是甚麼，並明確地表達出來。

2. 創建新行爲：找到一個安靜的地方，坐下來，放鬆身體和心靈。深呼吸幾次，讓自己進入一種寧靜和平靜的狀態。接下來，使用NLP新行爲產生器的技術，開始創建新的行爲模式。這可能包括編寫肯定的陳述，可視化自己進行新行爲，或使用身體語言和視覺化技術來強化新行爲。

3. 想像：想像自己是一個導演，正在製作一部電影。這部電影的主題是你想要創建的新行爲或習慣。想像自己站在一個電影製作現場上，周圍有各種道具和場景，以及演員和工作人員。

4. 角色：當你感覺到自己完全進入了這個角色，開始想像自己正在指導演員和工作人員，讓他們按照你的要求完成場景。想像自己有信心和掌控力，並且能夠激勵和啟發每個人做出最好的表現。

5. 演員：接着你想像自己是一個演員，正在演一部你之前作導演電影。想像自己站在一個電影拍攝現場上，周圍有各種場景和道具，還有其他演員和工作人員。

6. 表演：當你感覺到自己完全進入了這個角色，開始想像自己正在表演這個角色，並且成功地實現了你的目標。想像自己克服了困難和挑戰，並且展現了最好的表現。

7. 錨點：當你感覺到自己完全投入到這個情境中，開始將自己與這種新的行爲或習慣聯繫起來。在電影拍攝現場上找一個符號或點，代表這種新的行爲或習慣。想像這個符號或點代表著你成功實現你的目標，並且它可以幫助你保持動力和決心。

8. 反復練習：反復爲導演和演員練習多次。

9. 試驗和調整：一旦創建了新的行爲模式，下一步是開始試驗並進行調整。這可能意味著在不同的情況下實踐新行爲，並根據實際效果進行調整。

10.強化新行為：最後，使用NLP新行為產生器的技術強化新的行為模式。這可能包括使用肯定的陳述，可視化成功實現新行為，或使用獎勵系統來鼓勵新行為的持續發展。

　　練習「新行為產生器」技巧需要時間和耐心，但是一旦你掌握了這個技巧，它可以成為一個有用的工具，幫助你創造新的行為和習慣，並實現你的目標。透過幻想自己是導演演員，你可以激發自己的想像力和創造力，進而找到創造新行為和習慣的靈感。

練習例子：

管理時間生成器

　　以下是一個具體的使用新行為產生器的練習實例：

模擬練習

1. 確定目標：假設你想要學習如何更好地管理時間，以提高工作效率和減少壓力。
2. 肯定陳述：創建一個積極、具體和可行的陳述，例如「我現在可以有效地管理時間，以提高工作效率和減少壓力」。
3. 確定所需的新技能：確定你需要哪些新的技能或行為來實現這個目標，例如學習如何設定優先事項、學習如何計劃和組織工作時間、學習如何減少時間浪費等。
4. 創建新行為模式：使用新行為產生器的技術，創建一個新的行為模式，以實現你的目標。例如，如果你想學習如何設定優先事項，你可以設定一個目標，例如每天早上花10分鐘檢查當天的工作和優先事項，然後將它們列在一個優先事項清單上。
5. 反覆練習：重複使用新行為模式，直到你的大腦自動地想到新的時間管理行為，並將其自動化到你的日常生活中。你可以使用提醒器、行事曆、待辦事項清單等工具來幫助你實踐這些新的行為模式。

6.回顧和調整：定期回顧你的進展，調整你的新行為模式，以確保它們仍然
適合你的目標和需要。你可以使用日誌、時間追蹤器等工具來幫助你評估
你的進展，並調整你的新行為模式，以使其更有效。

這個練習可以幫助你學習如何更好地管理時間，以提高工作效率和減少壓
力。使用新行為產生器的技術可以幫助你找到最適合你的新行為模式，並將其自
動化到你的日常生活中。重複練習可以幫助你建立新的時間管理習慣，並使它們
成為你的自然反應。

建立健康的方式生活生成器

以下是一個使用新行為產生器的練習：

模擬練習

1.確定目標：假設你想要改變自己的生活方式，以更健康的方式生活。
2.肯定陳述：創建一個積極、具體和可行的陳述，例如「我現在每天運動30
分鐘和吃健康的食物，以改善我的健康」。
3.確定所需的新技能：確定你需要哪些新的技能或行為來實現這個目標，例
如學習健康飲食的知識、學習如何做出健康的食物、學習如何養成運動習
慣等。
4.創建新行為模式：使用新行為產生器的技術，創建一個新的行為模式，以
實現你的目標。例如，如果你想學習健康飲食的知識，你可以設定一個目
標，例如每週閱讀一本健康飲食的書籍或文章。
5.反覆練習：重複使用新行為模式，直到你的大腦自動地想到新的健康行
為，並將其自動化到你的日常生活中。
6.回顧和調整：定期回顧你的進展，調整你的新行為模式，以確保它們仍然
適合你的目標和需要。

這個練習可以幫助你建立新的健康行為模式，以實現更健康的生活方式。使

用新行為產生器的技術可以幫助你找到最適合你的新行為模式，並將其自動化到你的日常生活中。重複練習可以幫助你建立新的健康習慣，並使它們成為你的自然反應。

建立減肥生成器

以下是一個具體的使用新行為產生器的練習減肥實例：

模擬練習

1. 確定目標：假設你想要減肥，以改善健康和外貌。
2. 肯定陳述：創建一個積極、具體和可行的陳述，例如「我現在可以健康地減肥，以改善我的健康和外貌」。
3. 確定所需的新技能：確定你需要哪些新的技能或行為來實現這個目標，例如學習如何做出健康的飲食選擇、學習如何控制過食、學習如何增加運動量等。
4. 創建新行為模式：使用新行為產生器的技術，創建一個新的行為模式，以實現你的目標。例如，如果你想學習如何做出健康的飲食選擇，你可以設定一個目標，例如每天吃五份水果和蔬菜，減少高糖分和高脂肪的食物攝入量。
5. 反覆練習：重複使用新行為模式，直到你的大腦自動地想到新的健康行為，並將其自動化到你的日常生活中。你可以使用飲食日誌、運動追蹤器等工具來幫助你實踐這些新的行為模式。
6. 回顧和調整：定期回顧你的進展，調整你的新行為模式，以確保它們仍然適合你的目標和需要。你可以使用體重計、圍度計等工具來幫助你評估你的進展，並調整你的新行為模式，以使其更有效。

這個練習可以幫助你學習如何健康地減肥，以改善健康和外貌。使用新行為產生器的技術可以幫助你找到最適合你的新行為模式，並將其自動化到你的日常

生活中。重複練習可以幫助你建立新的健康習慣，並使它們成爲你的自然反應。

新的行爲產生器

Yes, NO（是、否）練習

"Big-Yes/Huge-No"概念

「是、否練習」是一種基於情緒的練習，其目的是幫助你更好地理解自己的內在需求和價值觀，以便在做出決策時更加自信和明確。此練習通常包括問自己一些問題，例如「我是否眞的想要做這件事？」或「這是否符合我的價值觀？」，然後回答「是」或「否」。

另一種練習是"Big-Yes/Huge-No"，這種練習是基於生產力和時間管理的，其目的是幫助你更好地理解自己的優先事項和時間分配，以便集中精力並取得更好的成果。這種練習涉及問自己一些問題，例如「這個任務是否非常重要？」或「這個任務是否眞的需要完成？」，然後回答 "Big Yes"（非常重要）或 "Huge No"（非常不重要）。

這兩種練習都有其獨特的用途和優點。如果你正在尋找一種方法來更好地了解自己的內在需求和價值觀，那麼「是、否練習」可能是一個有用的工具。如果你正在尋找一種方法來更好地管理時間和提高生產力，那麼"Big-Yes/ Huge-No"練習可能更適合你。

"Big-Yes/Huge-No"應用學

"Big-Yes/Huge-No" 是一種決策方法，通常用於幫助人們做出更明智的決策。以下是一個例子：

假設你正在考慮是否要接受一份新工作。使用 "Big-Yes/Huge-No" 的方法，你可以評估這個決定對你的生活和職業生涯的影響。

首先，你可以問自己一個問題：如果我接受這份工作，這將對我的生活和職業生涯產生多大的影響？如果你認為這份工作對你的生活和職業生涯只會產生一些小的變化，那麼你可以給這個問題一個 "Big-Yes" 的答案。

但如果你認為這份工作將對你的生活和職業生涯產生非常大的影響，那麼你可以給這個問題一個 "Huge-No" 的答案。

接著，你可以問自己另一個問題：如果我不接受這份工作，這將對我的生活和職業生涯產生多大的影響？如果你認為這份工作對你的生活和職業生涯只會產生一些小的變化，那麼你可以給這個問題一個 "Huge-No" 的答案。

但如果你認為不接受這份工作將對你的生活和職業生涯產生非常大的影響，那麼你可以給這個問題一個 "Big-Yes" 的答案。

最後，你可以綜合考慮這兩個問題的答案，並做出最終決定。如果你得到的答案是"Big-Yes/Big-Yes"，那麼你可以考慮接受這份工作。如果你得到的答案是 "Huge-No/Huge-No"，那麼你可以考慮不接受這份工作。如果你得到的答案是 "Big-Yes/Huge-No"或"Huge-No/Big-Yes"，那麼你應該再次仔細思考你的決定。

學習彈吉他"Big-Yes/Huge-No"

以下是一個使用"Big-Yes/Huge-No"(大肯定/極否定)的練習實例：

模擬練習

1. 確定目標：假設你想要學習一門新技能，例如學習彈吉他。
2. 列出所有可能的阻礙和困難，並使用"Big-Yes/Huge-No"進行評估。例如：
- 「我會浪費太多時間在練習上」：Huge-No
- 「我不會有足夠的耐心來學習」：Huge-No

- •「我會因爲太忙而無法堅持練習」： Big-Yes
- •「我會感到挫折和失敗」： Big-Yes
- •「我會過於自我挑剔，導致失去動力」： Huge-No

3. 現在你可以開始解決那些"Big-Yes"的問題，例如：對於「我會感到挫折和失敗」，你可以在開始學習之前先設立一些小目標，並在達成每個小目標時給自己獎勵，以保持動力和動機。

4. 對於那些"Huge-No"的問題，你需要尋找新的解決方案，或者重新定義你的目標和期望，以使它們更現實和可行。例如，對於「我會浪費太多時間在練習上」，你可以將練習時間劃分爲短時間段，例如每天30分鐘，以便更容易集中Z難精力。

5. 繼續使用"Big-Yes/Huge-No"進行評估和調整，直到你能夠克服所有的"Big-Yes"問題，並找到解決"Huge-No"問題的方法，以實現你的目標。

這個練習可以幫助你找到解決阻礙和困難的方案，並重新定義你的目標和期望，以使其更現實和可行。使用"Big-Yes/Huge-No"技術可以幫助你評估和解決問題，以實現你的目標。

"Big-Yes/Huge-No"戒煙練習實例

以下是一個使用"Big-Yes/Huge-No"（大肯定/極否定）的戒煙練習實例：

模擬練習

1. 確定目標：假設你想要戒煙，以改善健康和減少煙草對你和他人的影響。
2. 列出所有可能的阻礙和困難，並使用"Big-Yes/Huge-No"進行評估。例如：
- •「我會忍不住吸煙，因爲我已經上癮了」： Huge-No
- •「戒煙會影響我的情緒和壓力水平」： Big-Yes
- •「我會失去一個社交工具，感到孤獨和無聊」： Big-Yes
- •「我會面臨戒斷症狀，例如焦慮、煩躁等」： Big-Yes

- •「戒煙需要很長的時間和努力」：Big-Yes
- 3.現在你可以開始解決那些"Big-Yes"的問題，例如：對於「我會失去一個社交工具，感到孤獨和無聊」，你可以尋找其他的社交活動和興趣，以填補戒煙後的空缺感。
- 4.對於那些"Huge-No"的問題，你需要尋找新的解決方案，或者重新定義你的目標和期望，以使它們更現實和可行。例如，對於「我會忍不住吸煙，因為我已經上癮了」，你可以尋找戒煙輔助工具，例如口香糖、尼古丁貼片等，以幫助你緩解戒斷症狀和控制煙癮。
- 5.繼續使用"Big-Yes/Huge-No"進行評估和調整，直到你能夠克服所有的"Big-Yes"問題，並找到解決"Huge-No"問題的方法，以實現你的目標。

這個練習可以幫助你找到解決阻礙和困難的方案，並重新定義你的目標和期望，以使其更現實和可行。使用"Big-Yes/Huge-No"技術可以幫助你評估和解決問題，以實現你的戒煙目標。

"Big-Yes/Huge-No"戒掉壞習慣

以下是一個使用"Big-Yes/Huge-No"(大肯定/極否定)的戒食指甲練習實例：

1.確定目標：假設你想要戒掉咬指甲的習慣，以改善指甲的外觀和保持良好的衛生習慣。
2.列出所有可能的阻礙和困難，並使用"Big-Yes/Huge-No"進行評估。例如：
- •「我已經有很長一段時間的咬指甲習慣，很難改變」：Huge-No
- •「咬指甲可以幫助我減輕壓力和焦慮」：Big-Yes
- •「我經常咬指甲，所以它已經成為一個無意識的反應」：Huge-No
- •「我會忘記控制自己的咬指甲行為」：Huge-No
- •「我會感到尷尬，因為我的指甲看起來很難看」：Big-Yes
3.現在你可以開始解決那些"Big-Yes"的問題，例如：對於"我會感到尷尬，因為

我的指甲看起來很難看"，你可以為自己的指甲做美甲或使用指甲油，以使它們看起來更好看。

4. 對於那些"Huge-No"的問題，你需要尋找新的解決方案，或者重新定義你的目標和期望，以使它們更現實和可行。例如，對於"我已經有很長一段時間的咬指甲習慣，很難改變"，你可以使用一些咬指甲輔助工具，例如指甲油、咬指甲止咬劑等，以幫助你控制咬指甲的行為。

5. 繼續使用"Big-Yes/Huge-No"進行評估和調整，直到你能夠克服所有的"Big-Yes"問題，並找到解決"Huge-No"問題的方法，以實現你的目標。

這個練習可以幫助你找到解決阻礙和困難的方案，並重新定義你的目標和期望，以使其更現實和可行。使用"Big-Yes/Huge-No"技術可以幫助你評估和解決問題，以實現你的戒食指甲目標，而這亦適用於其他成癮問題的方法。

快速改變心態的SWISH模式
(The Swish Pattern)

The Swish Pattern(Swish模式)是一種心理學技巧，旨在幫助人們快速改變負面心態並建立積極的心態。透過這種技巧，人們可以學會如何迅速地將負面的心理形象轉換為正面的心理形象，旨在幫助個人改變不必要或不健康的行為或思維模式。從而幫助自己走出負面情緒的陰影，並建立積極的心態。

識別負面心理形象 → 識別正面心理形象 → 創造Swish模式 → 重複Swish模式 → 測試Swish模式

以下是The Swish Pattern(Swish模式)的基本步驟：

日常練習

1. 識別負面心理形象：首先，你需要識別你的負面心理形象，例如恐懼、焦

慮、憂鬱等。將這個心理形象想像成一個圖像或場景，並清晰地記住它。

2. 識別正面心理形象：接下來，你需要識別與你的負面心理形象相反的正面心理形象。這個正面的心理形象應該是與你的負面心理形象相反的，例如勇氣、自信、愉悅等。將這個正面心理形象想像成一個圖像或場景。

3. 創造Swish模式：現在，你需要將這兩個心理形象結合起來，並創造出一個Swish模式。想像你的負面心理形象在你的腦海中出現，然後突然地將它收縮成一個小圖像。同時，想像你的正面心理形象在你的腦海中出現，然後突然地擴大成一個大圖像，將你的負面心理形象完全覆蓋。這個過程應該是瞬間完成的，就像閃電一樣。

4. 重複Swish模式：重複這個Swish模式10次以上，直到你感覺到你的正面心理形象完全取代了你的負面心理形象。每次重複時，請注意你的正面心理形象變得更加明亮、清晰、真實。

5. 測試Swish模式：最後，測試你的Swish模式。想像你的負面心理形象，然後突然地想起你的Swish模式。想像你的負面心理形象收縮成一個小圖像，然後被你的正面心理形象完全覆蓋。這個過程應該是瞬間完成的，就像閃電一樣。如果你感到自己的心情變得更輕鬆、更積極，那麼你的Swish模式就是成功的。

次感元練習（SUB-MODALITIES）

Swish模式可以應用在次感元（SUB-MODALITIES）層面，包括內視覺、內聽覺和內感覺，以幫助人們更快地改變負面的心態。

在使用Swish模式時，你可以根據你的負面心理形象，選擇與之相對的正面心理形象，並將其想像成一個圖像、聲音或感覺的形式。以下是一些基於內視覺、內聽覺和內感覺的Swish模式示例：

1. 內視覺Swish模式：首先，想像你的負面心理形象，例如一個令你感到焦慮或恐懼的情境。然後，想像一個與之相反的正面心理形象，例如一個讓你感到平

靜和放鬆的情境。將這個正面的內視覺圖像放在你的腦海中，讓它變得更加鮮明和真實。接下來，想像你的負面內視覺圖像變得越來越小，然後突然地被你的正面內視覺圖像完全覆蓋。重複這個Swish模式，直到你的負面內視覺圖像完全被正面內視覺圖像取代。

2. 內聽覺Swish模式：同樣地，想像一個令你感到負面情緒的聲音或聲音場景，然後想像一個與之相反的正面聲音或聲音場景。將這個正面的內聽覺圖像放在你的腦海中，讓它變得更加清晰和真實。接下來，想像你的負面內聽覺圖像變得越來越小，然後突然地被你的正面內聽覺圖像完全覆蓋。重複這個Swish模式，直到你的負面內聽覺圖像完全被正面內聽覺圖像取代。

3. 內感覺Swish模式：最後，想像一個令你感到負面情緒的感覺，例如焦慮、緊張或疼痛。然後，想像一個與之相反的正面感覺，例如輕鬆、舒適或愉悅。將這個正面的內感覺圖像放在你的腦海中，讓它變得更加強烈和真實。接下來，想像你的負面內感覺圖像變得越來越小，然後突然地被你的正面內感覺圖像完全覆蓋。重複這個Swish模式，直到你的負面內感覺圖像完全被正面內感覺圖像取代。

　　Swish模式可以應用於內視覺、內聽覺和內感覺，以幫助人們更快地改變負面的心態。這種技巧需要一些練習和耐心，但如果你能夠掌握它，它可以幫助你更好地應對壓力和情緒，並提高你的心理靈活性。在實踐Swish模式時，請確保你在一個安靜、放鬆的環境中進行，以便更好地專注並享受這個過程。如果你對這個技巧感到困惑或不確定，建議你尋求專業心理學家或NLP（神經語言編程）專家的協助。

　　整體而言，Swish模式是一種強大的技巧，可以幫助人們快速改變負面的心態並建立積極的心態。這種技巧需要一些練習和耐心，但如果你能夠掌握它，它可以幫助你更好地應對壓力、焦慮和其他負面情緒，並建立更健康、更快樂的生活。

減少對甜品依賴的The Swish Pattern

以下是一個練習Swish模式的例子：

1. 確定目標：假設你想要減少對甜品的渴望，以幫助你達到減肥的目標。
2. 肯定陳述：創建一個積極、具體和可行的陳述，例如「我現在不再渴望甜品，我可以成功地減肥」。
3. 預視不必要的行為或思維模式：想像自己看到一個美味的甜品，並感覺自己想吃它。
4. 創建替代行為或思維模式：想像自己看到一個健康的、美味的水果沙拉，並感覺自己想吃它。
5. Swish：在你的想像中，將甜品圖像縮小並淡出，同時將水果沙拉圖像放大並明亮。重複這個過程，直到水果沙拉圖像變得更具吸引力和可行性。
6. 反覆練習：重複使用Swish模式，直到你的大腦自動地想到健康的選擇，而不是甜品。

這個練習可以幫助你改變不必要或不健康的甜品渴望，並幫助你更好地實現減肥目標。重複練習Swish模式可以幫助你建立新的健康行為模式，並將其自動化到你的日常生活中。

以下是另一個使用Swish模式的例子：

1. 確定目標：假設你想要克服公開演講的恐懼，以幫助你更自信地表達自己。
2. 肯定陳述：創建一個積極、具體和可行的陳述，例如「我感到自信和舒適，當我在公眾面前演講」。
3. 預視不必要的行為或思維模式：想像自己在公開演講時感到緊張、不自在和不安全。
4. 創建替代行為或思維模式：想像自己在公開演講時感到自信、放鬆和專注。
5. Swish：在你的想像中，將不安全和緊張的演講圖像縮小並淡出，同時將自信和放鬆的演講圖像放大並明亮。重複這個過程，直到自信和放鬆的演講圖像變得更具吸引力和可行性。

6.反覆練習：重複使用Swish模式，直到你的大腦自動地想到自信和放鬆的演
講，而不是不安全和緊張的演講。

　　這個練習可以幫助你改變不必要或不健康的演講恐懼，並幫助你更自信地表
達自己。重複練習Swish模式可以幫助你建立新的自信和放鬆的演講行爲模式，
並將其自動化到你的日常生活中。

模擬練習
克服焦慮和擔憂The Swish Pattern

以下是另一個使用Swish模式的例子：

1.確定目標：假設你想要克服焦慮和擔憂，以幫助你更輕鬆地應對壓力。
2.肯定陳述：創建一個積極、具體和可行的陳述，例如「我感到平靜和放
　鬆，我可以應對壓力」。
3.預視不必要的行爲或思維模式：想像自己感到焦慮和擔憂，並想像這種情
　況的結果。
4.創建替代行爲或思維模式：想像自己感到平靜和放鬆，並想像這種情況的
　正面結果。
5.Swish：在你的想像中，將焦慮和擔憂的圖像縮小並淡出，同時將平靜和
　放鬆的圖像放大並明亮。重複這個過程，直到平靜和放鬆的圖像變得更具
　吸引力和可行性。
6.反覆練習：重複使用Swish模式，直到你的大腦自動地想到平靜和放鬆，
　而不是焦慮和擔憂。

　　這個練習可以幫助你改變不必要或不健康的擔憂和焦慮，並幫助你更輕鬆地
應對壓力。重複練習Swish模式可以幫助你建立新的平靜和放鬆的思維模式，並
將其自動化到你的日常生活中。

模擬練習

Swish Pattern 戒除負面行爲的練例子

　　Swish Pattern是一種心理學技術，可以幫助你改變負面的行爲模式。以下是一個使用Swish Pattern來戒暴力的練習實例：

1. 確定目標：假設你想要戒掉暴力行爲，以改善你的人際關係和避免造成傷害。
2. 想象一個觸發你暴力行爲的情境。例如，當有人挑戰你的權威時，你可能會變得情緒激動並對他們施暴。
3. 在你的腦海中，將這個情境中的所有元素放在一個框架中，例如：你的情緒、身體感受、聲音和形象等。
4. 然後，想象一個代表著戒暴力行爲的替代行爲的形象，例如：你和那個觸發你暴力行爲的人和平地交流。
5. 在你的腦海中，將這個替代行爲的形象放在一個小的圖像中，例如：一個縮小的圖像。
6. 接下來，將這個小圖像放在你想象的情境中心，並將這個情境中的所有元素逐漸縮小，直到它們變成一個非常小的圖像，然後快速地將這個小圖像替換掉原來的圖像。
7. 在你的腦海中，重複這個過程幾次，每次將替代行爲的圖像變得更加大和清晰，直到它完全替換掉原來的圖像。
8. 最後，想象你在這個情境中採取替代行爲，感受自己的情緒和身體感受，並將自己的行爲重定向到和平和建設性的方向。

　　練習Swish Pattern可能需要時間和練習，但是當你善於使用它時，它可以幫助你改變負面的行爲模式，並改善你的生活和關係。

附錄一 提高意識
Appendix I Enhancing Awareness

意識敏感度指的是對自身和周圍環境的感知和敏銳度。以下是一些提高意識敏感度的方法：

日常練習

1. 冥想：冥想可以幫助你集中注意力，放鬆身心，增強感知敏銳度。找一個安靜的地方，坐下來，專注於呼吸，讓思維逐漸平靜下來。減少干擾和雜念，並提高你的意識敏感度。當你冥想時，著重感受自己的呼吸和身體感覺，並觀察自己的思緒和情緒。

2. 深呼吸：深呼吸可以幫助你放鬆身心，減輕壓力和焦慮，並提高你的身體感知能力。當你深呼吸時，著重感受身體各個部位的感覺，例如你的胸部、肩膀、手臂和腳。

3. 觀察：觀察周圍環境中的細節，例如人們的面部表情、肢體語言、聲音、氣味和色彩。通過觀察，你可以更好地感知周圍環境，提高敏銳度。

4. 打破習慣：我們常常會陷入習慣性的思維和行爲模式中，這會限制我們對周圍環境的觀察和感知能力。因此，打破習慣可以幫助我們開拓視野，並提高意識敏感度。例如，改變你的日常路線、嘗試新的食物、認識新的人等。

5. 增強感官體驗：通過增強感官體驗，例如：觀察自然風景、欣賞藝術作品、品嚐美食等，可以幫助你提高對周圍環境的觀察和感知能力。當你進行感官體驗時，著重感受自己的感覺和感受，並盡可能地放鬆身心。可以幫助你更深入地感知周圍環境。

6. 練習注意力：通過練習注意力，例如集中注意力、避免分散注意力、防止干擾等，可以提高感知敏銳度。

7. 溝通交流：與他人溝通交流可以幫助你更好地感知他人的情感和需求。通過聆聽他人的言語和表情，你可以更好地理解他們的心理狀態。

8. 學習情緒認知：情緒認知是指了解自己的情緒和情感反應，以及對他人情緒的感知和理解能力。學習情緒認知可以幫助你更好地理解自己和他人，並提高意識敏感度。例如，記錄自己的情感狀態、學習他人的情緒表達和身體語言等。

這些方法都可以幫助你提高意識敏感度，但是需要時間和練習。通過這些方法，你可以更好地感知自己和周圍環境，並提高對生活的理解和反應能力。不同的人可能會有不同的方法適合他們，可以嘗試不同的方法找到最適合自己的方式。

強化五感的法門 → 成為超人之路

視覺

視覺敏感度是指對於視覺刺激的感知能力。以下是一些可以提高視覺敏感度的方法：

日常練習

1. 觀察周圍環境：觀察周圍環境可以幫助你提高對視覺刺激的敏感度。當你觀察周圍環境時，著重注意細節和變化，例如不同的顏色、形狀、紋理和光線等。
2. 練習素描和繪畫：練習素描和繪畫可以幫助你更好地觀察和理解視覺刺激。當你練習素描和繪畫時，著重注意細節和比例，並嘗試將視覺刺激轉化為圖像。
3. 探索視覺藝術：欣賞和學習視覺藝術可以幫助你更好地理解和欣賞視覺刺激。當你欣賞視覺藝術時，著重理解藝術家的創意和技巧，並嘗試從不同的角度欣賞作品。

4. 學習攝影：攝影是一種可以幫助你提高視覺敏感度的技術。當你學習攝影時，著重注意光線、構圖、對焦和色彩等因素，並嘗試捕捉和表達自己的視覺感受。
5. 調整生活習慣：生活習慣也會影響你的視覺敏感度。例如，保持足夠的睡眠、避免長時間注視電子螢幕、遠離光污染等，都可以幫助你調整生活習慣，提高視覺敏感度。

這些方法可以幫助你提高視覺敏感度，但是需要時間和練習。通過這些方法，你可以更好地感知和理解視覺刺激，並提高對生活的理解和反應能力。

聽覺

聽覺敏感度是指對於聽覺刺激的感知能力。以下是一些可以提高聽覺敏感度的方法：

模擬練習

1. 改善聽覺環境：改善聽覺環境可以幫助你更好地聆聽聲音和聲音細節。例如，減少噪音污染、調整音量、嘗試不同的音樂風格等。
2. 聆聽音樂：聆聽音樂可以幫助你提高聽覺敏感度和音樂欣賞能力。當你聆聽音樂時，著重注意音樂的節奏、旋律、和聲和音色等，並嘗試理解音樂的情感和表達。
3. 練習聆聽：練習聆聽可以幫助你更加專注和敏銳地聽取聲音和語言。例如，練習聆聽他人的講話、聆聽自己的呼吸聲、聆聽環境中的聲音等。
4. 探索聲音：探索聲音可以幫助你更好地理解和欣賞不同的聲音和聲音細節。例如，研究聲音的產生和傳播、學習聲音的調節和調整、嘗試模仿不同的聲音等。
5. 提高注意力：注意力是提高聽覺敏感度的重要因素。因此，提高注意力可以幫助你更好地聆聽聲音和聲音細節。例如，練習冥想、專注力訓練、減少干擾和雜念等。

這些方法可以幫助你提高聽覺敏感度，但是需要時間和練習。通過這些方法，你可以更好地感知和理解聲音和聲音細節，並提高對生活的理解和反應能力。

嗅覺

嗅覺敏感度是指對於氣味刺激的感知能力。以下是一些可以提高嗅覺敏感度的方法：

日常練習

1. 聞香識芳：聞香識芳可以幫助你更好地感知和辨別氣味。當你聞香時，著重注意氣味的細節和變化，例如氣味的濃淡、種類、層次和持久性等。
2. 嘗試不同的氣味：嘗試不同的氣味可以幫助你更好地了解和記憶氣味。例如，嘗試不同的香水、香料、水果和花卉等。
3. 增加嗅覺刺激：增加嗅覺刺激可以幫助你提高嗅覺敏感度。例如，使用芳香劑、薰香、精油等，可以增加嗅覺刺激，提高對氣味的感知能力。
4. 練習嗅覺記憶：練習嗅覺記憶可以幫助你更好地記憶和辨別氣味。例如，嘗試記住不同的氣味、辨別相似的氣味、掌握氣味的層次和變化等。
5. 減少嗅覺干擾：嗅覺干擾可以影響你對氣味的感知能力。因此，減少嗅覺干擾可以幫助你提高嗅覺敏感度。例如，避免煙霧、化學品和異味等，保持空氣清新和乾淨。

這些方法可以幫助你提高嗅覺敏感度，但是需要時間和練習。通過這些方法，你可以更好地感知和理解氣味，並提高對生活的理解和反應能力。

味覺

味覺敏感度是指對於味覺刺激的感知能力。以下是一些可以提高味覺敏感度的方法：

日常練習

1. 嘗試不同的食物：嘗試不同的食物可以幫助你更好地了解和記憶不同的味道。當你品嘗食物時，著重注意味道的細節和變化，例如味道的濃淡、酸甜苦辣等等。

2. 學習烹飪：學習烹飪可以幫助你更好地了解和掌握不同的調味技巧，從而提高味覺敏感度。當你學習烹飪時，著重注意食材的味道和搭配，並嘗試創造出不同的味道和風味。

3. 清潔口腔：清潔口腔可以幫助你更好地感知味道。例如，刷牙、漱口、使用口香糖等，可以清除口腔中的異味和污垢，使你更敏銳地感知味道。

4. 注意飲食習慣：飲食習慣也會影響你的味覺敏感度。例如，避免食用過多的油炸食品、調味料和甜品等，保持飲食均衡和健康，可以幫助你提高味覺敏感度。

5. 練習品嚐：練習品嚐可以幫助你更好地感知和辨別味道。例如，練習品嚐不同的食物、辨別不同的味道、掌握味道的濃淡和層次等。

這些方法可以幫助你提高味覺敏感度，但是需要時間和練習。通過這些方法，你可以更好地感知和理解味道，並提高對生活的理解和反應能力。

觸覺

觸覺敏感度是指對於觸覺刺激的感知能力。以下是一些可以提高觸覺敏感度的方法：

日常練習

1. 接觸不同的物體：接觸不同的物體可以幫助你更好地感知和辨別不同的質地和紋理。例如，觸摸不同的紙張、布料、木材和金屬等，可以幫助你提高觸覺敏感度。

2. 練習觸覺記憶：練習觸覺記憶可以幫助你更好地記憶和辨別不同的觸感。例如，觸摸不同的物體、辨別不同的質地和紋理、掌握觸感的濃淡和層次等。

3. 探索肌肉和關節：探索肌肉和關節可以幫助你更好地感知和理解身體的運動和姿勢。例如，練習瑜伽、舞蹈和運動，可以幫助你更好地感知和控制身體的肌肉和關節。
4. 提高肌肉感知能力：提高肌肉感知能力可以幫助你更好地感知和控制肌肉。例如，練習肌肉訓練和伸展運動，可以幫助你提高肌肉感知能力。
5. 減少手部干擾：手部干擾可以影響你對觸感的感知能力。因此，減少手部干擾可以幫助你提高觸覺敏感度。例如，保持手部清潔、避免使用手套和遮蓋物等。

這些方法可以幫助你提高觸覺敏感度，但是需要時間和練習。通過這些方法，你可以更好地感知和理解觸覺刺激，並提高對生活的理解和反應能力。

其他大同小異的練習方法：

提升視覺(Visual)的方法

你可以在一個舒服的地方靜靜地坐著或站著，然後把你的雙手放在你的面前，把你的食指慢慢向上伸，並放在一個你眼前可以觀察的範圍，一般在你的膊頭高度。你應該可以看到你的兩隻手指甲在你的眼前相互並排。

然後，你可以選擇慢慢望著你的指甲數秒，你可以慢慢將兩隻手指分開，而手臂慢慢向外伸延。

此時，你記得你只可以移動你的手臂，你的膊頭和你的頸部都不可以移動，只有你的手臂在水平線地移動，你慢慢凝望你的手指甲在水平地移動，直至在你的指甲在你視線消失之前慢慢停下來。你可以把你的專注力注中在你的指甲數秒或數分鐘，直至你覺得你可以非常專注。然後，你可以放鬆自己並慢慢休息你的手和眼睛，然後你可以再次注意或記錄你的感覺。

提升聽覺(Auditory)的方法

你可以閉上你的雙眼，然後慢慢地呼吸。你可以慢慢並寧靜地感受你的呼吸數分鐘，甚至覺察內心的平靜(inner-self)。

你可以選擇自由自在地聆聽不同的聲音，如：你的心跳。你亦可以選擇聆聽其他內外不同的聲音，如：室內時鐘的聲音、街外的車聲或人聲等等。

其後，你可以保持著stillness(靜止感)，並把你聽到的東西將你腦海中列出來。當你可以把一些你聽到的東西在你腦海列出來，你可以再次打開眼睛，並以正念(mindful)或專注的心去留意事物發出的聲音，然後你可以再次注意或記錄你的感覺。

提升動覺(Kinesthetic)的方法

你可以選擇慢慢地坐著或站著。閉上你的雙眼，並用心感受。你可以用你的雙手從頭到腳趾慢慢地觸摸你的每一個部分。你亦可以在洗澡的時候用各種不同氣味的肥皂(粵語：番梘)來嘗試這個方法。

把這個方法不斷重覆，可快或可慢。你可以選擇從你的腳趾開始，慢慢向上半身移動，每一個細微的位置也可。最後，你可以沉默片刻，然後你可以再次注意或記錄你的感覺。

這些方法(視覺、聽覺、動覺)與可以各自單獨使用或互相配合。

附錄一 提高意識
Appendix I Enhancing Awareness 197

附錄二 時間線
Appendix II Timeline

　　時間線是一種用於記錄時間和事件順序的圖示方法。在神經語言程式學中，時間線被用作一種心理學工具，用來幫助人們更好地理解和處理過去、現在和未來的事件和情緒。時間線將時間和事件按順序排列在一條線上，以便更好地理解和記錄過去、現在和未來的事件。時間線可以是一個人自己的內在心理圖像，也可以是與他人之間的關係圖像。通常，時間線是一條直線或曲線，上面標註了特定的時間點，例如年份、月份、日期等。

　　在神經語言程式學中，時間線技巧是一種重要工具，透過建立時間線，將過去、現在和未來的事件串聯起來，以更好地了解個人的經驗和情感，從而調整和改善自己的思維和行為。在時間線上，我們可以標註重要的事件和關鍵的時間點，包括過去的事件、現在的狀態和未來的目標等，以幫助我們更好地理解和管理自己的生活。時間線是一種非常有用的工具，可以在個人生活、工作和學習等方面得到應用。

　　在NLP中，時間線可以幫助人們更好地理解自己的情緒和行為，並找到更好的解決方案。通過觀察自己的時間線，人們可以了解過去的事件和情緒如何影響自己當前的行為和思維，並找到解決這些問題的方法。時間線還可以用來幫助人們設定和達成目標。通過將未來的事件和目標定位在時間線上，人們可以更好地規劃和實現自己的計劃。

　　總的來說，時間線是一種描述時間的工具，可以幫助人們更好地理解和處理過去、現在和未來的事件和情緒。在NLP中，時間線被廣泛應用於心理學領域，可以幫助人們更好地管理自己的情緒和行為，實現自己的目標。

NLP的時間線技巧是指通過建立時間線，將過去、現在和未來的事件串聯起來，以更好地理解個人的經驗和情感，從而調整和改善自己的思維和行爲。

日常生活
以下是運用NLP時間線技巧的方法：

1. 建立時間線：首先，需要建立時間線，將過去、現在和未來的事件串聯起來，以便更好地了解自己的經驗和情感。
2. 探索過去：通過時間線技巧，可以探索過去的經驗和情感，了解過去的事件對自己的影響和意義。
3. 調整現在：通過時間線技巧，可以調整現在的思維和行爲，例如調整內在狀態、信念和價值觀等，以實現個人和組織的發展和成功。
4. 設定未來目標：通過時間線技巧，可以設定未來目標，明確想要達成的成果和效益，並透過調整現在的思維和行爲，實現未來的目標。
5. 應用於實際情境：時間線技巧需要應用於實際情境中，例如在工作、學習、人際關係等場合中，將技巧融入到日常生活中，以實現所設定的目標和效益。

NLP的時間線技巧可以幫助人們更好地了解自己的經驗和情感，調整和改善思維和行爲。要運用NLP時間線技巧，需要建立時間線，探索過去、調整現在、設定未來目標，並將技巧應用於實際情境中。

時間線應用學

時間線在NLP中是一個重要的概念，它可以幫助人們更好地理解和處理自己的情緒和行爲。以下是關於時間線的更多信息：

1. 時間線是如何形成的？

時間線是一個人內心的心理圖像，它通常是一條線或曲線，上面標註了特定的時間點。時間線是根據一個人過去和未來的經驗和期望所形成的。

2. 時間線可以應用於哪些方面？

   時間線可以應用於個人和職業發展、情感治療、達成目標、解決問題、創造未來等方面。它可以幫助人們更好地理解自己的情緒和行為，找到解決問題的方法，設定和實現目標，創造自己想要的未來。

3. 如何使用時間線？

   使用時間線的方法有很多，其中一種常見的方法是「時間線療法」，它是一種心理治療方法，用於處理情感和行為問題。時間線療法通常包括以下步驟：

   ● 案主回憶過去的事件和情緒，將它們放置在時間線上。
   ● 案主調整自己的時間線，以更好地處理過去的情緒和行為。
   ● 案主設定未來的目標，將它們放置在時間線上，並制定達成目標的計劃。

   其他使用時間線的方法包括設定時間線目標、改變時間線上的事件和情緒、使用時間線來展望未來等。

   總的來說，時間線是NLP中的一個重要概念，它可以幫助人們更好地理解和處理自己的情緒和行為，並實現自己的目標。通過使用時間線，人們可以更好地管理自己的情緒和行為，解決問題，創造自己想要的未來。

   以下是更多使用神經語言程式學中的Meta model中的「時間線」技巧的例子：

1. 原始語句：「我一直都很沮喪。」
   時間線技巧應用後：「你從甚麼時候開始感到沮喪？你有過哪些時刻不是沮喪的？」
2. 原始語句：「我從來沒有成功過。」
   時間線技巧應用後：「你試過哪些事情，而且沒有成功過？這些事情是在甚麼時候發生的？你有過哪些成功的經驗？」
3. 原始語句：「我總是太晚才開始做事情。」
   時間線技巧應用後：「你通常是在甚麼時候開始做事情？有沒有一些事情你是

在足夠早的時間開始做的?」

4. 原始語句:「我一直都很擔心未來。」

　　時間線技巧應用後:「你從甚麼時候開始擔心未來?你有過哪些時刻不是擔心未來的?」

5. 原始語句:「我從來沒有時間做任何事情。」

　　時間線技巧應用後:「你通常是在甚麼時候做事情的?你有哪些空閒時間可以用來做事情?」

6. 原始語句:「我總是太晚才開始做事情。」

　　時間線技巧應用後:「你通常是在甚麼時候開始做事情?有沒有一些事情你是在足夠早的時間開始做的?」

7. 原始語句:「我從來沒有時間做任何事情。」

　　時間線技巧應用後:「你通常是在甚麼時候做事情的?你有哪些空閒時間可以用來做事情?」

8. 原始語句:「我從來沒有機會做我真正想做的事情。」

　　時間線技巧應用後:「你曾經試過做你真正想做的事情嗎?在甚麼時候?為甚麼你現在沒有機會做這些事情?」

9. 原始語句:「我總是遲到。」

　　時間線技巧應用後:「你通常是在甚麼時候出門?你曾經準時到達過嗎?」

10. 原始語句:「我一直覺得時間不夠用。」

　　時間線技巧應用後:「你通常在做甚麼事情的時候覺得時間不夠用?你有試過用更有效率的方式來安排時間嗎?」

　　以上例子中,時間線技巧都是用來幫助對方更好地理解自己的時間線,同時也可以幫助對方更好地理解自己的想法和感受。這種技巧可以幫助人們更好地溝通,避免誤解和歧義,同時也可以幫助人們更好地理解對方的想法和感受。

「時間遺忘」「流」於時間線上的「遺忘」

　　心流(Flow)是指當人們投入某個活動時,完全沉浸在當前的經驗中,忘記了時間和周遭的環境,感到非常專注和享受當前的經驗。心流是一種心理狀態,當

一個人專注於某個活動時，會感覺到身心一致、全神貫注，並且對時間的感知會減弱，進而產生「時間遺忘」的感覺。在心流狀態下，人們可以更容易地達到高效和創造力的狀態。這種狀態通常發生在某些具有挑戰性和意義的活動中，例如運動、音樂、繪畫等。

心流的「時間遺忘」和負面的「時間遺忘」有所不同。負面的時間遺忘是一種分離現象，當一個人的思想、情感、記憶或身份感從其意識中分離出來時，他們可能會忘記某些重要的事情或事件。相比之下，心流的時間遺忘是一種正向的體驗，因為當一個人處於心流狀態時，他們會感到非常投入和享受所從事的活動，而忘記了時間的流逝。這種時間遺忘的現象反映了人們在心流狀態下的高度專注和沉浸，也表明了心流狀態對於人們的體驗和表現的重要性。在心流狀態中，時間遺忘也是一個很常見的現象，當人們投入到某個活動中，感到非常專注和投入時，往往會忘記時間的流逝，甚至無法確切地描述活動發生的時間點和時間持續的長短。

在 NLP中，使用「時間遺忘」技巧可以幫助人們更深入地理解心流狀態下的體驗。例如，當對方描述在心流狀態下的經驗時無法確切地描述事件的時間點和時間持續的長短時，可以透過詢問對方在當時的感受和經驗來深入了解其心流狀態的特點和效果。總之，在心流狀態下的時間遺忘反映了人們在高度專注和沉浸的狀態下的體驗和表現，使用「時間遺忘」技巧可以幫助人們更深入地了解心流狀態的特點和效果。心流的時間遺忘是一種正向的經驗，只是暫時性的，當一個人停止從事所從事的活動時，時間感知就會恢復正常。

其他大同小異的練習方法：

如果我們可以從我們的內部著手，當我們處理好內部的核心問題，我們的生活便可更充實及為我們自己帶來改變。

試想想如果我們可以控制我們身體內在的時鐘，這將會令我們無所不能。不論在家庭上、事業上、生活上，我們每天都會經歷各式各樣的衝擊。如果我們可

以把時間調得更快，或更慢，重設我們自身的時鐘，就可以令我們更專注活在此時此刻或者令我們自身感覺有更多時間。

NLP的研究主要在人的大腦著手，當你越去了解，你就會發現一切都與你的內在主觀經驗(subjective experience)有關。很多催眠師如：Milton Erickson都會利用時間扭曲(time distortion)的技巧去處理來訪者的問題，當中亦包括體重上的控制。催眠師會帶領來訪者減慢他們的進食，並且將自身的專注力放於內，慢慢地吃。當人可以做到慢慢地吃東西的時候，他們很快便會覺得飽，這樣我們很自然會吃得更少。

無可否應的是：人很容易會遺忘時間，當我們非常快樂之時，得意忘形，又或者很專注地工作，我們會覺得時間過得特別快。你可以把很多事慢慢、慢慢、慢慢拆解成更少的部分，就好像切蛋糕的原理，把東西切成更細塊，然後慢慢經歷。當你把很多事都這樣做，而且不斷重覆，你將會獲得更好、更長、更持續的結果。

相反，如果你覺得工作很忙，或者你正遭遇一些麻煩事，可能你會覺得時間過得非常的慢。

我們都活在時間之中(In the Zone)，但你可以試去想想：其實這個世界本身時間就不存在，時間是人類的人為灌輸。這個世界本來就沒有時鐘，時鐘，甚至一秒、兩秒、三秒、四秒也是人類創造出來。誰說這個世界一個鐘是六十秒？是人類。誰說這個世界一天是二十四小時？也是人類。

這時，你並可以做一個有關時間的練習。

遺忘時間：

經一定的練習，你的心境會更安靜，接近無我(selflessness)的狀態。這當然需要很慢、很長的時間練習。

日常練習

1. 你可以想像一下：你是一個時鐘。在異空間裡，你轉得愈來愈慢、愈來愈慢、愈來愈慢……
2. 你必須忘記了自己的工作，忘記自己本來要轉。在這空間裡，你不用再轉。
3. 只要你願意，留多久也可，直至你內在真的變慢了，亦舒暢了。
4. 你可以告訴自己，這個不轉的時鐘會在你下次累的時候再出現。
5. 當你準備好了，你便可以慢慢醒來。

　　現實告訴你：時間根本不會影響事件的獨立存在。試想想你在開一架跑車，然後減速，時間沒有停止過，也沒有快慢，但此刻你會覺得時間慢了，這就是我們的大腦結構，人類會隨速度賦予意義給時間，但時間與事件兩者之間根本沒有任何關係，所以一個人若能調節內在的時鐘，去控制時間的快慢，甚至把事情變得更快、或更慢，一切可以出現變化。

　　以下的方法可以有助我們探索時間，並控制我們內在的時鐘。

模擬練習
控制我們內在的時鐘

1. 找一個人生中你覺得非常緩慢的時間，例如：你在開會的時候、上班又或者上課時，感到沉悶的時候，一個你覺得時間非常難過的時候。
2. 選一兩個情況或場合，然後幻想自己正身處場景中。你可以覺察一切的事件和時間。你正在經歷、看到、聽到、感覺、聞到甚麼?你正在想甚麼?有沒有一些細微的經歷正影響著你?

視覺：

　　你內心看到的一切是非常小、狹窄還是寬闊?有沒有顏色?是灰暗還是深沉的顏色?

聽覺：

你聽到甚麼？你聽到的一切是怎樣？是很清晰、朦朧、還是很寧靜？內在聲音如何？你的聲音如何？

感覺：

有甚麼在你腦海出現？這些感覺是源於內在還是外在？在你的上半身出現還是下半身？你感覺到身體變得沉重，還是變得更輕？你有沒有聞到或有任何味覺上的經驗？

你能夠覺察到身體的次感元(sub-modalities)或是經驗元素嗎？

你可以再具體地想一想其他相關的次感元或感覺，例如距離的遠或近、景物的的大小、景象如電視般有框架的、抑或是360度包圍著你、又在我們腦海中的哪個位置：左、右、中間、上面或下面？

3.停止一切的想像，打破狀態。

4.想像一個過得非常快的時間，一切讓你有愉快、愉悅感的時間，就如：你正和愛人相處的時光、與友人或子女玩樂的時間。

5.再一次用你的次感元加以感覺。

6.比較兩者的分別。

嘗試給予自己多一點時間，再一次感覺(1)，甚至把它融合(5)，情況就好像你正坐在跑車，飛快地行走，突然間一切也慢慢地停下來，然後你下了車，一切也過得很慢。

你甚至可以加入一點柔和的音樂，再一切變得更慢，你亦變得更專注在自己的感覺上。

當我們討論時間線，大約有兩種時間線應用在不同人身上：

其一是：

穿越時間(Through Time)－這種人通常沒有時間線的概念，在不同的時間穿插。你的過去、現在、將來在你之前。這種人通常不能關注目前面對的情況。他們總是希望計劃將來。

其二是：

在時間之內(In Time)－這是指這種人通常活在此時此刻，但不能計劃將來。
每一個人也有不同時間線，你可以替他們找出不同的時間線。

附錄三 謊言/眞假練習
Appendix III Lie/Truth Exercise

1. 說謊練習

講兩個故事，一個是事實，一個是謊言，然後編造一個令人信服的故事。把這兩個故事告訴小組，讓他們發問問題，直至知道哪一個是他們估對。不需透露哪個故事是眞的或是假的。

2. 眞假練習

兩人一組

把眞相變成大話，大話變成眞相，然後讓人估哪個是眞、哪個是假。

這些練習包含了故事的創作者(teller)與聆聽者(listener)，對於現實的生活非常有效，你可以嘗試運用你的次感元，去說出一些眞或假的故事，因爲你再選擇哪些線索去使人想聆聽想聽的部分。

專注去聆聽別人內心的暗示，嘗試找出對或錯，從微表情或在練習上的一些啟示中，你也可以找到一些蛛絲馬跡。這是基建於一些自身的覺察及很強的觀察力，就好像一不發現，別人會覺得蛛絲馬跡的馬是這個「媽」，其實只是先入爲主地將「螞蟻」與蜘蛛歸類。在NLP的十二大前設中，我們已說了地圖不等於實際彊域，灶馬在古時其實是一種昆蟲，所以正字便是「蛛絲馬跡」。同樣，有時，謊言與眞相，都是只差一線。

3. 角色練習

嘗試代入不同角色，如：保險、銷售、建築師等，你不需說出你是甚麼職業，你可以用十分鐘找一找些關鍵字。當你準備好一個角色，你可以用次感元與別人說一些故事，並嘗試說服別人。如果你越能代入，你的觀衆很難察覺到你的眞僞。

在日常生活中，我們亦可作此練習，以提升我們的洞察力，就好像我們觀看電影時，我們可以有意識地並努力嘗試抓著電影的小細節。如果微小的細節是合理的，那麼較大的「謊言」就更容易讓人相信，一般也很難找出破綻。

如果您與某人相處融洽（rapport），並且在他們講述自己的故事時與他們進行鏡像（mirror）和對應（match），請嘗試在溝通時讓自己進入「思考」模式（"think" mode），這樣您將能夠更系統地發現別人的謊言。外部行為（External behavior）模仿人的內部過程（internal process），多與內在溝通，告訴自己想成為一個怎樣的人，它們也會一直陪著你，並讓你成為一個你想成為的人。

附錄四「重構」/「重新框架」(重塑)
Appendix IV Reframing

人生是一「流」的，時、人、物在我的人生中不斷地流動，所有的事都是不同，我們面對的變是不斷，我們在「流」動中人生如何面對改變、困難、無常？生活是變化萬千，禍福皆同生，福禍是同體，我們與生俱來都有內在超能力，「重塑力」(Reframe)來使我們如何處理人生的無常與改變。

「重新框架」(重塑)(Reframing)是神經語言程式學中的一個重要技巧，它可以通過改變對某個經驗或事件的解釋方式，產生不同的情感或行為反應。透過語言和其他傳達方式，例如語調、表情和肢體語言等，重新框架旨在促使人們改變對某些事情的看法和反應方式，以更有效地處理特定情境。

重新框架可以應用於各種不同的情境，包括個人關係、工作壓力、財務問題等。例如，在處理工作壓力時，重新框架可以幫助一個人從抱怨和負面思維中走出來，轉而尋找機會和解決問題的方法。通過重新框架，人們可以改變自己的思維方式，從而獲得更積極和有益的結果。

重新框架是一種重要技巧，它可以讓人們從不同的角度看待同一件事情，從而改變對它的看法。透過語言重塑和經驗重塑等技巧，人們可以改變對某個經驗或事件的感知方式，從而產生不同的情感或行為反應。重新框架是 NLP中一個有用且靈活的技術，它可以幫助人們更好地處理負面情感或行為反應，促進個人成長和發展。

重新框架可以通過多種方式實現，例如：
1. 視角轉換：人們可以從不同的角度看待同一件事情，以改變對它的看法。
2. 語言重塑：人們可以通過改變他們使用的語言方式，來改變對某個經驗或事件

的解釋方式。

3. 經驗重塑：人們可以通過改變他們對某個經驗或事件的感知方式，來改變對它的看法。

重新框架是NLP中一個重要的技巧，它可以幫助人們更好地處理負面情感或行為反應，並促進個人成長和發展。

「重塑」的故事

「塞翁失馬焉知非福塞翁得馬焉知非福禍」正是使用「重塑」的好例子。以下是現代版故事。

一切盡在掌握中！

一天一個企業的大老細和他的得力助手出外公幹，在出發之前，老闆問助手的安排如何？助手說：「一切盡在掌握中！」

怎知到他們到了機場後才知道，班機被取消了，老闆問助手，你有甚麼安排？助手說：「一切盡在掌握中！」，兩人只好在機場嘗試買下一班機的機票，怎知到他們竟然可以買到廉價頭等艙機票，兩人可以享受頭等倉的待遇。

落機後到了酒店，助手在準備合約，才發現重要的文件留下在機場中，老闆和助手只好立刻回機場尋找！老闆問助手，你有甚麼安排？助手說：「一切盡在掌握中！」

他們在機場尋找了一小時多，也找不到！只好回酒店！老闆問助手，你有甚或安排？助手說：「一切盡在掌握中！」

怎知到回酒店才知道酒店大火，他們逃過一劫，兩人站在街上等了幾小時後才能回到房間才知道東西也被燒毀！老闆問助手，你有甚麼安排？助手說：「一切盡在掌握中！」

老闆氣憤地說你甚麼也說「一切盡在掌握中！」，我現在就解僱你！看你如何「一切盡在掌握中！」

助手被解僱後只好離開，老闆很氣憤地自找地方落腳，怎知到就在這時機場打電話來通知已找到了合約，老闆可以完成這大單買賣！之後回到機場準備回家時，才發現機票和助手搞亂了，老闆拿助手的機票，助手拿了老闆的機票！之後再一次回不到家！只好再一次留在機場等。

怎知到，這班航機發生空難！全機人罹難！老闆又再一次逃過一劫，他們兩人在機場相遇，老闆很開心地笑著問助手，你有甚麼安排？助手說：「一切盡在掌握中！」老闆說我一定要重新聘請你及升遷你為行政總裁！

人生總是千算萬算！人生遇上挫折、困難、不安是十之有九，大家不要沮喪，我們盡人事聽天命，只是努力行事，努力不懈地活著，這就是「一切盡在掌握中！」

身材的故事：

以下是一個關於重塑技巧的故事：

小明是一位大學生，他從小就非常喜歡打籃球，但是因為身材矮小，總是被人嘲笑。這讓小明感到非常自卑和失落，最終放棄了打籃球的夢想。

小明參加了一個NLP的課程，學習了重新框架技巧。他學會了如何改變自己對一個事件的看法，以產生更積極的情感和行為反應。他決定將這種技巧應用於自己的打籃球夢想上。

他開始從不同的角度看待自己的身材，從「我太矮了，無法打籃球」轉變為「我可以用其他的方式彌補我的不足」。他開始練習投籃、傳球、防守等基本技能，並從其他矮小但技術精湛的球員中學習。他也加強了自己的體能訓練，讓自己更健康、更有活力。

最終，小明通過不斷地努力和學習，成功地進入了大學籃球隊。他也發現，重新框架技巧不僅可以幫助他實現自己的夢想，還可以應用於生活的其他方面，幫助他更積極地面對挑戰和困難。

這個故事告訴我們，重新框架技巧可以幫助我們改變對自己或事件的看法，從而產生更積極的情感和行為反應。通過不斷地學習和實踐，我們可以達成自己的目標，並促進個人成長和發展。

Lisa的故事

Lisa是一位成功的專業人士，但是卻常常感到壓力和焦慮。一天，當她去看一位NLP執行師/催眠師時，NLP執行師便開始教她如何使用重新框架技巧來改變她對壓力和焦慮的看法。

首先，NLP執行師/催眠師要求Lisa想像自己是一個船長，而壓力和焦慮就像是風和浪，她需要學會如何航行和應對這些困難。這個新的比喻讓Lisa更容易接受壓力和焦慮，並學會如何積極地應對它們。

接著，NLP執行師/催眠師讓Lisa想像自己是一個運動員，她需要面對挑戰和壓力，以達到自己的最佳表現。這個比喻讓Lisa更有動力和決心，去克服壓力和焦慮，並取得更好的成績。

最後，NLP執行師/催眠師讓Lisa想像自己是一個藝術家，她需要在壓力和焦慮中找到創造力和靈感，以創作出更出色的作品。這個比喻讓Lisa更加自信和自我表達，去面對壓力和焦慮，並創造出更優秀的工作表現。

通過這樣的重新框架過程，Lisa改變了她對壓力和焦慮的看法，從抵抗和逃避轉變為接受和應對。這個新的看法讓Lisa在工作和生活中更積極地應對壓力和挑戰，同時也幫助她在創造力和成就感方面更有表現。

方式實現

　　神經語言程式學中的「重新框架」(Reframing)技巧可以透過多種方式實現，以下是一些其他的例子：

1. 視角轉換：在重新框架時，可以透過改變自己的視角，從不同角度看待事情，以產生更積極的情感或行為反應。例如，將「我失敗了」重新框架為「這是一次學習經驗」，可以幫助人們更積極地看待自己的失敗。

2. 語言重塑：在重新框架時，可以透過改變語言方式，例如改變詞語、詞序等，以產生更積極的語言效果。例如，將「我不知道怎麼做才好」重新框架為「我正在學習如何做得更好」，可以增強自信心和動力。

3. 經驗重塑：在重新框架時，可以透過回憶正面經驗，以調整自己的情感和思維方式。例如，當你感到沮喪或不安時，可以回憶過去自己成功克服類似問題的經驗，以增強自信心和積極性。

4. 轉移注意力：在重新框架時，可以透過轉移注意力，從負面情境轉移到更積極的情境，以改變自己的情感和思維方式。例如，當你感到壓力和焦慮時，可以轉移注意力，例如聽音樂、看電影等，以幫助你放鬆心情。

5. 過去經驗：當一個人有一個負面的過去經驗時，可以使用重新框架技巧來改變他們對該經驗的看法。例如，他們可以想象將該經驗轉換為一個有益的學習經驗，從中獲得價值和成長。

6. 目標設定：當一個人設定目標時，可以使用重新框架技巧來改變他們對目標的看法。例如，他們可以想象將目標轉換為一個具有挑戰性和激勵性的目標，以激發更多的動力和創造力。

7. 焦慮症狀：當一個人經歷焦慮症狀時，可以使用重新框架技巧來改變他們對焦慮的看法。例如，他們可以想象將焦慮轉換為一種興奮和挑戰，以幫助他們更好地應對焦慮症狀。

8. 人際關係：當一個人處理人際關係時，可以使用重新框架技巧來改變他們對關係的看法。例如，他們可以想象將一個負面的人際關係轉換為一個機會，從中獲得更多的學習和成長。

總之，重新框架技巧是一種重要的NLP技巧，可以幫助人們改變他們對某個經驗、事件、目標、焦慮症狀或人際關係的看法，以產生更積極的情感或行為反應，從而促進個人成長和發展。

「重塑」是世上最具威力提升及改善溝道技巧的工具之一。也許其可能會使你覺得，運用這工具的人是一個全心操控及玩弄文字遊戲的騙子，但這正正是世人對「重構」的最大的誤解。

什麼是「重塑」？是有效靈活而巧妙地運用語言，來影響及改變別人的看法、想法、信念、感覺及思維模式等。使其在各感觀（視、聽、臭、味、感）中有新的體會。改變別人故有的信念及思考基楚，這就NLP中的「重塑」。

「重塑」之目的是幫助別人獲得新的體會，新的經歷及新的經驗，其可帶來衝激，衝激了故有的思想、信念及感覺，在過程中啓發了潛能，發掘了內在資原，從而找到了更多選擇來應對人生。

世間萬物其實是客觀地存在，其本身沒有特定的意義及價值，它是這樣就是這樣，並沒有什麼。而我們只是用自己故有信念、價值觀、思維模式及喜惡來定義事物的本質。

1984年，美國總統大選辯論中，列根在開始時說：「我不會以對手的太年輕和缺乏經驗來作我的政治籌碼！」之後列根大年紀的弱點不被再提起。

「重塑」是改變你對事物的看法，改變對事物的批判思路，從而改變你事物故有的定義和解釋。當你對事物故有的定義被改變時，你的反應和態度也隨之而改變。

還有，「重塑」有五大要點是十分重要，但又容易被忽視，而爲人所疚病的是，大多數學習者常常太過依重枝巧而忘記了五大重點的重要性。

1. 「良好關係」，你一定要和對方建立良好關或在你的「重塑」中表現出對其的影響力及壓迫感。

2. 要明白理解如何有效地運用技巧，不能只離留於理論層面，更要完全深入掌握個案在你的「重塑」過程中的精神狀態及思路。

3. 正確資訊，「重塑」之前你一定掌握個案的背境、喜惡、禁忌等資料，避免影響「重塑」的流暢性和有效性。

4.「重塑」爲個案帶來新的意義，其一定也是個案所認同。

5. 正確的「重塑」是來得自然及理所當然的。

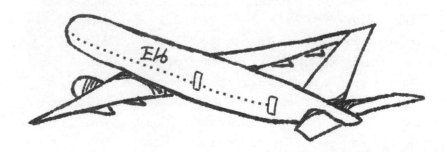

附錄五 詞彙表
Appendix V 100 common NLPGlossary

以下是神經語言編程(Neuro-Linguistic　Programming，NLP)的一些常見詞彙解釋(以下詞彙表不依英文字母排列)：

100 common NLP terms in English and their Chinese (Traditional) explanations. I hope this will be helpful to you.

1. Anchoring (心錨): The process of establishing a connection between an internal response and an external or internal trigger, enabling rapid and sometimes covert retrieval of the response.
2. Belief (信念): Strong convictions or acceptances regarding the truth or reality of certain things.
3. Calibration (校準): The process of acquiring the ability to interpret someone's physiological changes as indicators of their internal experiences.
4. Chunking (上堆下切): A cognitive process of organizing information into meaningful and manageable chunks to enhance comprehension.
5. Congruence (一致性): A state in which all aspects of an individual's psychology align with the desired outcome.
6. Disassociation (解離): The act of mentally separating oneself from a direct experience, gaining an external perspective.
7. Ecology (生態學): In the context of NLP, it refers to the consideration of the overall relationship system between individuals and their environment, encompassing short and long-term effects.
8. Embedded Commands (嵌入式指令): Commands that are subtly incorporated within a larger message or communication.

9.Eye Accessing Cues (眼睛訪問提示): Observable eye movements indicating specific cognitive processes or thought patterns.

10.Framing (框架): The context, perspective, or presentation through which something is perceived or understood.

11.Future Pacing (未來同步): The mental rehearsal of future experiences to gain a sense of what it will be like when a desired goal is achieved.

12.Generalization (一般化): The process by which specific elements or instances are detached from their original context and come to represent a broader category of similar experiences.

13.Hypnosis (催眠): A trance-like state characterized by heightened focus and concentration.

14.Intent (意圖): The underlying purpose or motivation behind a person's behavior or actions.

15.Kinaesthetic (觸覺): Pertaining to the sense of touch, physical sensations, and bodily actions.

16.Lead System (引導系統): The dominant representational system an individual typically employs to organize and process information and experiences.

17.Meta Model (後設模式): An NLP model that identifies and challenges the language patterns used by individuals to gain deeper understanding and uncover underlying meanings.

18.Milton Model (米爾頓模型): A set of language patterns used for persuasive communication, derived from the hypnotic techniques of Milton H. Erickson.

19.Modelling (建模/模仿): The process of observing and replicating the behaviors, beliefs, and strategies of highly successful individuals to achieve similar outcomes.

20.Neurolinguistic Programming (神經語言編程設計): A methodology focused on modifying behaviors, emotional states, and self-perceptions by utilizing language patterns, cognitive strategies, and sensory-based techniques.

21. Outcome (結果): The desired end result or goal that an individual strives to achieve.

22. Pacing (同步): A technique involving mirroring or matching certain behaviors of the person being communicated with, to establish rapport and build a connection.

23. Rapport (關係建立): A state of trust, harmony, and understanding between individuals, facilitating effective communication and cooperation.

24. Reframing (重塑): The process of changing the way an event or situation is perceived and interpreted, resulting in a shift in its meaning and emotional impact.

25. Representational System (表象系統): The sensory modalities (visual, auditory, kinaesthetic, olfactory, gustatory) through which individuals process, store, and retrieve information.

26. State (狀態): The combined mental, emotional, and physiological condition an individual experiences at any given moment.

27. Strategy (策略): A sequence of internal and external mental processes and actions that lead to a specific outcome or goal.

28. Submodalities (次感元): Subtle distinctions within each representational system (visual, auditory, kinaesthetic, etc.) that affect the quality and intensity of sensory experiences.

29. Swish Pattern (轉移模式): An NLP technique used to address and replace unwanted habits or behaviors with desired alternatives.

30. Timeline (時間線): An individual's subjective representation of the passage of time, often used in NLP to explore and modify experiences and goals.

31. Unconscious Mind (無意識): The part of the mind where many pro-

cesses and activities occur without conscious awareness, influencing behavior and perception.

32. Visual (視覺): Pertaining to the sense of sight and visual perception.

33. Auditory (聽覺): Pertaining to the sense of hearing and auditory perception.

34. Olfactory (嗅覺): Pertaining to the sense of smell and olfactory perception.

35. Gustatory (味覺): Pertaining to the sense of taste and gustatory perception.

36. Sensory Acuity (感官敏銳度): The ability to accurately perceive and discern subtle nuances and details across all sensory modalities.

37. Pattern Interruption (模式中斷): The intentional disruption of a sequence of thoughts, behaviors, or patterns that lead to undesired outcomes.

38. Collapsing Anchors (摺疊心錨): An NLP technique used to neutralize triggers that evoke negative emotional responses by associating them with positive or neutral states.

39. Meta Programs (後設程式): Cognitive processes that influence and direct other cognitive processes, shaping an individual's thinking, behavior, and responses.

40. Suggestibility (易受暗示性): The degree to which an individual is prone to accepting and internalizing ideas, messages, or suggestions from others.

41. Synesthesia (通感): The blending or crossing of sensory or cognitive experiences, where stimulation in one modality triggers involuntary experiences in another.

42. Presuppositions (前設): Assumptions or beliefs underlying a statement or thought process that serve as a foundation for understanding and communication.

43.Transderivational Search (跨衍生搜索): A psychological process of seeking information from past experiences to interpret and comprehend a vague communication or event.

44.Utilization (善用原則): The skillful application of a client's responses and behaviors to facilitate therapeutic change or achieve desired outcomes.

45.Double Bind (雙重束縛): A form of control or influence involving contradictory messages that create a dilemma or confusion for the recipient.

46.Feedback (反饋): Information provided to a system that enables it to adjust and modify its behavior or processes.

47.First Position (第一位置): Adopting one's own perspective or viewpoint when perceiving and interpreting the world.

48.Second Position (第二位置): Adopting another person's perspective or viewpoint to gain understanding and empathy.

49.Third Position (第三位置): Adopting a detached perspective or viewpoint, observing and considering the situation from an unbiased standpoint.

50.Fourth Position (第四位置): Adopting the perspective or viewpoint of a system or group, considering the larger context and dynamics.

51.Six Step Reframe (六步重構): A technique used in NLP for exploring and modifying unconscious behaviors and responses through a systematic six-step process.

52.Logical Levels (邏輯層次): A model describing different levels of processes within an individual or group, ranging from environmental factors to identity and beyond.

53.Satir Categories (薩提爾分類): Virginia Satir's categorization of human response styles, including blaming, placating, being irrelevant, computing, and leveling.

54.Cartesian Coordinates (笛卡爾坐標): A questioning technique used to examine the consequences and effects of a decision or change from multiple perspectives.

55.New Behavior Generator (新行爲產生器): A technique used to rehearse and test new behaviors against ecological criteria, enabling the development of more effective responses.

56.Core Transformation (核心轉化): A technique used to identify and modify core beliefs or values that underlie problematic patterns and behaviors.

57.Backtracking (回溯): The process of paraphrasing and repeating another person's words to confirm understanding and active listening.

58.Meta Mirror (元鏡像): A technique used to gain multiple perspectives on a situation, including one's own, the other person's, and a detached observer's viewpoint.

59.S.C.O.R.E. Model (S.C.O.R.E.模型): An NLP problem-solving and goal-setting model representing Symptoms, Causes, Outcomes, Resources, and Effects.

60.Well-formedness Conditions (完形條件): A set of criteria that goals must meet to be considered well-formed, increasing the likelihood of achieving them.

61.Change Personal History (改變個人歷史): An NLP technique involving revisiting past experiences and modifying reactions or understanding to influence current behavior or beliefs.

62.Nominalizations (名詞化): The process of representing an action or process as a static object, often used in language to generalize experiences.

63.Deletion (刪減): A language pattern involving selective attention to certain aspects of experience while excluding others.

64. Distortion (扭曲): A language pattern involving shifts or alterations in the perception of sensory data and experiences.
65. Downtime (休息時間): In NLP, it refers to a state of trance or daydreaming.
66. Uptime (正常運行時間): Being fully aware and conscious of the present external environment.
67. Complex Equivalence (複合等價): Assigning meaning or equivalence between events that may not be directly related.
68. Cause-and-Effect (因果): A relationship in which one event or factor is seen as the direct cause of another.
69. Mind Reading (讀心術): The presumption of understanding someone's thoughts or feelings without explicit communication.
70. Perceptual Positions (知覺位置): Different perspectives from which a situation can be considered, including first, second, and third positions.
71. Internal Representation (內部呈現): The subjective mental and sensory construction and encoding of events and experiences.
72. Advanced Submodalities (進階次模式): More refined or specific aspects of the sensory representation of experiences, further influencing their meaning and impact.
73. Reimprinting (重塑印記): A process used to address past traumas and update limiting belief systems through reframing and integration.
74. The Meta Mirror (元鏡像): A technique used to gain a better understanding of another person's perspective and improve interpersonal relationships.
75. The Disney Strategy (迪士尼策略): A creativity strategy based on the methods Walt Disney used to transform dreams into reality.
76. NLP Presuppositions (NLP前設): Fundamental assumptions and attitudes adopted in NLP for effective communication and personal

change.

77.The Learning State (學習狀態): A state of receptiveness and openness to new information and learning experiences.

78.Visual Squash (視覺壓扁): A technique used to resolve internal conflicts and integrate different aspects of oneself through visual imagery.

79.Core States (核心狀態): Profound states of being, such as love, peace, or oneness, that individuals can access.

80.Nested Loops (巢狀迴路): Stories within stories used to communicate complex ideas in a way that bypasses conscious resistance and encourages unconscious integration.

81.Sleight of Mouth (口技): A set of language patterns and techniques used for persuasive and influential communication.

82.Metaphor (隱喻): The use of symbolic or suggestive language and stories to convey a message or idea.

83.The Agreement Frame (同意框架): A communication technique used to establish agreement and minimize resistance by emphasizing common ground.

84.The Alphabet Game (字母遊戲): A cognitive game that promotes cognitive flexibility and neuroplasticity by generating words starting with each letter of the alphabet.

85.TOTE Model (TOTE模型): An acronym for Test-Operate-Test-Exit, a model that describes how humans strategize and achieve desired outcomes.

86.The Five Senses (五感): The sensory modalities of sight, hearing, touch, smell, and taste through which we perceive and experience the world.

87.Break State (斷開狀態): A technique used to interrupt and disrupt a current thought process or emotional state.

88.Yes Set (肯定預設): A technique used to elicit agreement and compliance by getting the other person to say yes multiple times.

89.Pattern Matching (模式匹配): The process of recognizing familiar patterns or structures in new information or experiences.

90.Metamodel Violations (後設模式違規): Instances where a speaker's language violates the rules of the NLP metamodel, often indicating distortions, deletions, or generalizations.

91.Brief Strategic Psychotherapy (BSP) (短期策略心理治療): Therapists actively direct sessions to target problematic patterns of thinking, behaving or interacting. Interventions are purposefully selected based on the particular issues.

92.Emotional Freedom Technique (EFT) (情緒釋放技術): A therapeutic intervention drawing from various alternative medicine theories and practices.

93.Ego States (自我狀態): Components or aspects of personality according to Transactional Analysis theory.

94.Reticular Activating System (RAS) (網狀激活系統): A brain region involved in attention and arousal regulation.

95.Time Distortion (時間扭曲): An altered perception of the passage of time, often experienced during intense focus or certain emotional states.

96.State Elicitation (引出狀態): A technique used to induce or evoke a specific state in an individual.

97.Hallucination (幻覺): The perception of sensory experiences that are not present in reality.

98.Predicates (謂語): Words and phrases used by individuals that indicate their preferred sensory representational system (visual, auditory, etc.).

99.Somatic Syntax (體語法): The influence of bodily movements, postures, and gestures on thinking and emotional experiences.

100.Trance (恍惚狀態): A focused state of attention and heightened suggestibility, which can be self-induced or facilitated by a hypnotist.

附錄六 輔導通用表格
Appendix VI Case Intake

輔導通用表格

姓名：.....................................出生日期：...

聯絡地址：...

電話號碼：...

電郵地址：...

年齡...........婚姻狀況：..............興趣：...

你希望在NLP/輔導完成什麼?.....................................

你過去有沒有不想探索的事（一定年齡或經驗）的任何部分。

....

....

其他恐懼的事(如有)：

....

....

強迫行為(如有)：...

....

你曾患哮喘或過敏：.........有/沒有.........你曾患上抑鬱症：有/沒有

你在過去兩年曾患癲癇症：有/沒有

你以往有否接受有關心理學/NLP?

如有請提供詳情：...

....

有否接觸過心理醫生或NLP：..

現在的精神狀態怎樣?...

你目前有否服用藥物?...

你是在哪裡接收我們中心的資訊?..

....

NLP守則：

1) 我已被告知會被NLP/輔導的範圍，我同意治療師的話及願意與治療師合作。

2) 我知道結果會發生變化，治療師不能保證所有結果。

3) NLP是非醫療、藥物或精神科服務。

4) 我理解治療師不會治療不合法行為。

5) 你 會/不會在某些情況下，可能是必要的，讓NLP執行師觸摸你的肩膀、手、腕、關節或以說明我放鬆的額頭。

6) 我明白NLP執行師會保守秘密，除非對話內容涉及我或其他人的生命危險。

7) 我理解NLP執行師會保障雙方的利益，可能會記錄我的對話。

8) 我願意配合NLP執行師，與NLP執行師共同商討治療目標。

9) 治療過程中，NLP執行師不會強迫你分享你不想分享的部分。

請記住我們的會議期間，關掉你的手機。

簽署：...

日期：...

XX NLP執行師(香港)中心

Peter Cheung

附錄七　個案簡史
Appendix VII Case Summary

1) Background information of client：
   Name：
   Sex M/F　Age： /
   Date of case opened：
2) Nature & number of contacts
   Number of contacts：
   /Face-to-face interview with
   /Telephone contact with
3) Client's presenting problems
4) Background Information of client
a) Family Background
b) Social connection
c) Living condition
d) Study / work
e) Medical Background (MSE/ drugs addiction / disease)
f) Hobby / interest
g) others
5) Case assessment
6) Counselling goal and objective
7) Theory application
8) Follow-up plan

Name of worker：
Signature of worker：
Date of report：

附錄八　HKNLP的自我練習
Appendix VIII Exercise

HKNLP的NLP考核：

L1功課：
- 針對案主的VAK設計練習(3個，約15分鐘)。
- 如何分別真偽的真假練習(3個，約15分鐘)。
- NLP融入生活的例子及方法(3個，約15分鐘)。
- 簡介NLP的三大學派：Milton Mode、家庭治療、完形治療。(約15分鐘)

L2功課：
- 何謂解離狀態。(約15分鐘)
- 解離狀態的練習。(約15分鐘)
- 眼球轉動的練習。(約15分鐘)
- 處理一些感覺，如：生氣、焦慮、恐懼、害怕的練習。(約15分鐘)→快速消除恐懼的方法，可參閱Fast Phobia

Please write an event or incident that made you feel angry/bitter/helpless/hurt/guilty or bothered⋯⋯
-The event is about⋯⋯

L3 功課：
-　心錨練習(約15分鐘)、時間線練習(約15分鐘)、重塑練習(reframing)(約15分鐘)、Milton Mode的語言&META MODEL(約15分鐘)

L4 功課：

1. 甚麼是NLP，需寫如何應用在各個層面?NLP如何應用在生活上： 運動提升、家庭溝通問題、青年工作。(解釋後以三個詞彙概括)

2. 請介紹兩個可以處理內在衝突的方法，當中包括Swish Pattern、Visual Squash.

3. Meta model及其方法。

4. 時間線及其方法。

5. States of Excellence 或 Circle of Excellence 簡介及其方法。

6. Reframing 及其方法。

L5 最後評核(30分鐘)

請指出NLP在人際關係或在商業管理的日常生活應用。

附錄IX 感想
Appendix IX Reflection

看畢全書後，現在你對NLP又有甚麼感覺？

1) 你心目中的NLP是？_____
_____
_____
_____

2) 你會如何對待你愛的人？你會給予他/她甚麼？_____
_____
_____
_____

3) 你會想怎樣使用NLP，你可以寫出來：_____
   你又會想在未來有甚麼改變？_____

4) 或者一個你心目中想改善的方向是：_____
   爲甚麼會想有這樣的改善？_____

5) 爲甚麼你想改變現狀？又或者現狀又有甚麼可以做得更好？_____
_____
_____

6) 改變還是不改變？改變了又怎樣？_____
_____
_____
_____

7)最好的結果是?_____
_____
_____
_____
_____
_____
_____

8)你想成為一個怎樣的自己?_____
_____
_____
_____
_____
___又或者你想成為一個怎樣的人?_____
_____
_____
_____
_____

這個世界從來沒有完美的人,只有更美好的人。

你可以用一些時間思索以上問題,你可能從此再不一樣……當然,你亦可把此書
送給一些需要改變的人。

後記

文心後記

NLP對我來說是千變萬化的工具。我們認為NLP的精粹是「百貨應百客」。

學者胡燕青在分析詩歌時用了一個比方：

「真正的開鎖器不是百合匙,而是千變萬化、可以彎來曲去的曲別針(萬字夾)。百合匙是保安拿的,萬字夾才是高手用的……真正的讀詩高手是個黑客,詩人卻要引為知音。」

不同的學者、不同的研習者、不同的人對NLP可以有不同解讀,因此在案主心中成了不同的治療,所以你可以把NLP視為你到五金鋪有不同的工具,誰適合那一種工具,你就可借題發揮,盡情使用。不論黑貓定白貓,只要捉到老鼠就是好貓。不論用甚麼方法,只要幫到案主便是最好案主的治療師。

局目子後記

語言作爲人類最有效的溝通媒介,扮演著重要的角色。透過語言,我們得以表達自己的思想、展示個人的特質,並將訊息傳達給他人。與他人溝通、辯論或理清思緒,皆不可或缺語言的運用。

在有效溝通中,說話的能力和技巧扮演著關鍵角色。具備良好的說話能力能使我們清晰表達意思、突顯思想的重點,並贏得他人的理解和支持。同時,熟練運用語言的技巧,如言辭遣詞、語調抑揚等,更能增加溝通的效果和影響力。

然而,要在語言的海洋中遊刃有餘,掌握NLP的原理與應用是至關重要的。NLP是一艘強大的航空母艦,讓我們能夠在語言的廣闊海域中自由航行。透過NLP的學習與應用,我們可以開拓更廣闊的溝通領域,制定有效的策略,實現成功的目標,無論面對何種情境,都能事半功倍。

因此,語言與NLP的結合,成爲了我們在溝通和表達中的重要利器。擁有良好的說話能力和NLP的知識,我們能夠在人際互動中更加自信、流暢地表達自己,並建立更有效的溝通和關係。讓我們乘著語言的翅膀,展翅高飛,開啟更加成功和充實的人生旅程!

鳴謝

- 專業心理治療及催眠應用（香港）有限公司HPHI Education Limited

- HKNLPAcademic Centre 身心語言程式學術中心

- The International Board Of Neuro Linguistic Programming（IBNLP）

■ 作者簡介

文心

中國催眠醫學史博士研究生
英國臨床心理學碩士研究生
英國 ABP 註冊商業心理學家
法律學士
香港註冊社工
美國 IMDHA 國際醫學及牙醫學催眠協會導師

論文見於：香港大學、香港中文大學、香港城市大學
文心著作：《催眠師的筆記》、《酒徒與催眠》、《催眠師的世界：催眠·聯想·異次元》、《催眠師的秘技──戀愛心法》

局目子

- 專業催眠治療師
- 資深資訊科技及程式編碼人
- 電訊學碩士 MSc（Master of Telecommunications）
- 資訊科技學士 BSc（Degree of Computer Science）
- 加拿大催眠治療師協會 (PBH) 導師資格
- 國際醫學及牙醫學 催眠協會 (IMDHA) 催眠治療師
- 國際神經語言程式學聯合會 (NFNLP, USA) 高級執行師，NLP Master Practitioner
- 繪畫分析治療師 Specializes in Drawing Psychological Analysis

「局目子」著作：《樂問》、《心靈花園》、《活生不死》、《酒徒與催眠》、《催眠師的世界：催眠·聯想·異次元》

NLP神經語言程式學實務─人際溝通

作者　　：文心、局目子
出版人　：Nathan Wong
編輯　　：尼頓
設計　　：叉燒飯

出版　　：筆求人工作室有限公司 Seeker Publication Ltd.
地址　　：觀塘偉業街189號金寶工業大廈2樓A15室
電郵　　：penseekerhk@gmail.com
網址　　：www.seekerpublication.com

發行　　：泛華發行代理有限公司
地址　　：香港新界將軍澳工業邨駿昌街七號星島新聞集團大廈
查詢　　：gccd@singtaonewscorp.com

國際書號：978-988-70098-0-1
出版日期：2023年9月
定價　　：港幣128元

PUBLISHED IN HONG KONG

版權所有 翻印必究

免責聲明
本書的內容由作者提供，及為其個人意見，內容及資料僅供參考，並不代表本出版社的立場。本書只供讀者作一般
消閒性的閱讀，絕無任何教唆或鼓吹成份，讀者需自行評估及承擔風險。對於任何因資料錯誤引致的損失，出版社
及作者均不會承擔任何責任。